龙媒广告选书·第一辑④

广告媒体研究

陈俊良 著

中国市场出版社

龙媒广告选书·第一辑④
广告媒体研究
——当代广告媒体的选择依据
陈俊良 著

*

中国市场出版社出版发行
新华出版社 经销
河北鑫兆源印刷有限公司印刷

140mm×203毫米　32开　8.5印张　220千字
1997年1月第1版　2014年5月第2次印刷
ISBN 978-7-80070-665-3
定价：19.80元

目 录

序 …………………………………………… 郑和平（1）
"龙媒"的缘起（前言）………………………………（3）
本书序 ……………………………………… 宋秩铭（6）
本书前言 …………………………………………（8）
绪论　行销、广告、媒体与消费者 ………………（10）

第一编　媒体计划背景知识

第一章　行销环境分析 ……………………………（24）
　　第一节　市场形势和产品生命周期 ……………（24）
　　第二节　指数与加权指数 ………………………（31）
　　第三节　CDI 与 BDI ……………………………（36）
第二章　行销计划的把握 …………………………（39）
第三章　媒体特性的把握 …………………………（50）
第四章　媒体量的评估 ……………………………（55）
　　第一节　电波媒体评估 …………………………（56）
　　第二节　印刷媒体评估 …………………………（70）
　　第三节　户外媒体评估 …………………………（74）
　　第四节　媒体投资效率评估 ……………………（77）
第五章　媒体质的评估 ……………………………（81）
第六章　媒体环境分析 ……………………………（91）
第七章　竞争品牌媒体投资分析 …………………（96）

第八章　消费者分析……………………………………(108)
第九章　媒体与广告创意………………………………(113)

第二编　媒体计划作业

第十章　媒体目标………………………………………(121)
第十一章　媒体策略——目标阶层的设定……………(123)
第十二章　媒体投资的地理性策略……………………(142)
　　第一节　各市场获利能力评估……………………(142)
　　第二节　媒体投资的市场选择与资源分配………(152)
第十三章　媒体选择策略………………………………(157)
第十四章　到达率与接触频率目标设定………………(163)
　　第一节　到达率与接触频率的概念………………(163)
　　第二节　有效接触频率……………………………(170)
第十五章　媒体行程设定………………………………(191)
　　第一节　影响媒体行程的因素……………………(191)
　　第二节　常见的媒体行程模式……………………(208)
第十六章　媒体投资优先程序的制定…………………(216)
第十七章　媒体执行方案的确定与评估………………(220)
　　第一节　媒体执行方案的确定……………………(220)
　　第二节　媒体计划的评估…………………………(224)
第十八章　媒体预算制定………………………………(232)
附录　媒体专有名词解释………………………………(241)
《龙媒广告选书·第一辑》介绍………………………(254)

序

《龙媒广告选书·第一辑》的出版,是广告界的一件大事。它标志着我国广告理论工作正在步入成熟,我们高兴地看到,我国广告理论研究已经不再是分散在企业经营管理、市场调研、商业心理、媒介传播,以及文学、艺术等多学科内部的边缘理论研究,而是从多学科出发,汇集成一股有中国特色的广告专业学术主流。通过《龙媒广告选书·第一辑》的编辑框架,我们看到了中国现代广告理论体系框架的雏型。

理论源于实践。从20世纪80年代初以来,改革开放政策给中国经济增添了无限的生机与活力,同时也创造出一个初具规模的中国广告业,300多亿元的营业额,50万人左右的从业队伍,5万家左右的广告经营单位,不仅向世界显示出中国现代广告业的存在,而且越来越表现出其在国家经济、文化生活中的重要作用。中国广告市场的外部环境,就国内而言,首先是改革开放政策,特别是市场经济体制的确立,为中国广告市场的发展提供了最基本的保证。中国民族工业及其传统品牌的市场意识和广告意识有了很大增强,广告投入在逐年增加。其次是国家广告管理体制和广告法制体系的不断健全和完善,为维护市场秩序,促进广告业健康发展提供了有力的支撑。《中华人民共和国广告法》的施行,和《关于加快广告业发展的规划纲要》的贯彻,表现出中国政府在规范广告市场和繁荣发展民族广告业这两方面的决心和基本指导思想。就国际环境而言,中国大陆市场的巨大潜力和广阔远景,吸引着许多著名国际品牌大幅度提高广告投入,甚而进行"广告大战"。与此同时,一些国际广告企业集团纷纷向中国大陆投资,建立中外合资、中外合作广告企业,带进了先进管理经验和广告设计、制作技术。综上所述，都是中国广告业在短短十几年的时间里，几乎由零起步，迅速崛起的重要条件，而广告业发展本身，为有中国特色的广告理论研究，提供了大量宝贵的案例和资料。我国广告理论研究工作，已经有了比较深厚的实践土壤。

事实上，中国现代广告业是作为一个不引人注目的小行业在不知不觉中发展起来的。自发和无序，是中国广告市场初始阶段的显著特征。即使是在今天，国家对广告业的宏观指导，仍然主要是"摸着石头过河"。作为一个"知识密集、人才密集、技术密集"的新兴产业，广告业现在比以前任何时候都更加需要理论上的总结和指导。一些对中国广告业发展有重大影响的理论问题，需要我们予以深入研究和探索。譬如：中国现代广告业的基本特征；国家政治、法律、经济制度对广告市场的影响和作用；中国民族广告业的地位、作用和发展方向；中外广告管理制度、广告经营机制的比较；中外传统文化在广告中的表现及比较，等等。这些都是广告理论研究工作面临的重要课题。

《龙媒广告选书·第一辑》的作者，有各传统学科的理论界前辈，有致力于广告学研究的中青年专家，还有一些勇于探索、在广告事业中有所心得的学术新人。作为政府广告监督管理职能部门的工作人员，我仅在此对他们为我们广告学研究所作出的重要贡献表示感谢。我国的广告学研究还处于起步阶段，研究问题的广度和深度都有待于进一步开拓。我希望社会各界的有识之士都来关心我国广告事业的发展，支持中国广告学的研究工作，希望有更多的广告学专著问世。

国家工商行政管理局
广告监督管理司司长
郑和平
1996 年 11 月于北京

"龙媒"的缘起（前言）

如果你愿意在正式开始阅读这套很专业的书之前，读一点与它有关的闲话，我们就为你说一说它的缘起。

几年前，我们糊里糊涂地跌进了广告圈。靠着一两本广告启蒙读物和年轻人的一点点悟性，开始笨手笨脚地学做广告人。

做广告很辛苦；做广告也很快乐。虽然那一句"不当总统就做广告人"说得轻松，广告人生涯的况味却是甘苦自知了。但是就在懵懵懂懂之中，竟生出对广告难以割舍的爱意来。于是也就有了许多的不甘心。

不甘心广告人在世人的眼中永远是沿门托钵的乞儿。

不甘心中国的广告业总像是跟在大人后面蹒跚学步的孩子。

不甘心年轻的广告人总是沿着前人已经走过的曲折成长。

老一辈的广告人已经为中国广告业重新起步奉献了心力。人到中年的广告精英们正在致力于广告业今天的发展。而年轻的广告人凭借自己菲薄的能力，能为中国广告的发展做的实在不多。

当时，我们正在为缺乏广告专业书籍而苦恼，推己及人，才发现苦恼的并不只是我们自己。与其坐而论道，不如做点力所能及的小事。于是有了在1995年年初开业的北京广告人书店。

眼看着相识不相识的朋友们买到急需的广告专业书是一件很快乐的事。但是看到许多朋友的需求还没有满足，心中又不免歉然。嘴上说着"现在的广告专业书只出了这么多"，心里却在自责"既然是广告人自己的书店，就该为广告专业书的出版多做点什么"。

很多朋友建议我们及早策划一些新书，但是我们不愿也不敢。虽然卖书也是商人行径，但书生从商却不敢忘了道义。胡乱拼凑几本书赚广告人的钱我们会感到不安。

于是我们等了很久。一直等到我们确定自己了解广告人需要什么书,也能够拿出不会令朋友们失望的广告专业书的时候,才有了这套《龙媒广告选书·第一辑》。

在作者的聘请上,我们颇费了一番斟酌,最后决定要请就请真正高水平的广告人。从我国大陆屈指可数的广告专业研究生导师,到在广告实务界浸淫了近20年的著名资深广告人,从奥美公司中国区的媒介总监,到中国大陆第一批广告学硕士,他们虽然在理论和实践方面都有很高的造诣,但是却惜墨如金,很少仓促出版专著,但是对我们的邀请却无不慨然应允。在广告专业图书短暂的出版史上,如此众多的著名专家共同执笔同一套丛书是从来没有过的事,虽然在写作的同时又各自奔忙,未及深谈,但是我们相信,大家的目的只有一个——为广告人出一些真正的好书。

尽管作者的水平毋庸置疑,我们还是坚决地提出了更为苛刻的要求:理论和实践充分结合,立足广告发展的最新水平,使用近年的最新资料,保证理论的指导性和实际的可操作性。所幸的是,师友们都能够体谅我们充分满足读者实际需求的这番深心,交回的书稿无不扎实、严谨而且富于创见。使我们能够毫无愧色地面对许多盼望好书的广告人。

开始策划这套丛书的时候,还是1996年早春,而等到它们付梓的时候,却已经是天寒地冻的岁尾了。其中的辛苦,自不待言,我们只希望它们能够不负"龙媒"这个名字。

"龙"与"媒"都是很普通的俗字,但是"龙媒"并称却有一段美妙的神话。

相传,上古时代,天马从西天极地而来,极为神俊,人们都称它能招引难得一见的神龙,所以《汉书》中说:"天马徕,从西极,……天马徕,龙之媒。"

为了给这套丛书起一个恰如其分的名字，我们想了很久，但是第一眼看到"龙媒"的时候，我们就相信，我们要找的就是它。广告人的职能和天马的作用何其相似，而我们这套丛书为广告人尽的也正是"龙媒"的一份职责。

"龙媒"，是一个名字，也是一个理想，为了这个理想，我们的《龙媒广告选书》会一辑一辑地做下去，也许它永远无法像传说中的"龙媒"那么完美，但是我们却不愿放弃在开办北京广告人书店的那一天起就承担起来的那份责任。

虽然摆在你面前的这套丛书是由我们几个策划的，但是其中实在是凝聚了许多长者、师友的心血，所以我们发自内心地感谢他们：

感谢国家工商局广告司郑和平司长拨冗担任总顾问并且撰写《总序》；

感谢国家工商局广告司综合处蕫京生、刘宝恒两位处长应邀担任编委并且抽出宝贵的时间参与编务；

感谢我国大陆广告界的泰斗徐百益老先生抱病写来长信，为我们提出了很多富有建设性的意见；

感谢唐忠朴、姜弘、程春等前辈给我们的鼓励和支持；

感谢香港地区著名广告创意人、《龙吟榜——华文广告精粹》发行人林俊明先生给我们许多有益的启发。

感谢所有支持我们北京广告人书店的相识和不相识的朋友。

是为《龙媒广告选书·第一辑》的前言。也是我们最想说的话。

总策划：高志宏　徐子毅　徐智明

本书序

"媒体计划与购买"是广告作业的三大元素之一,而且是变化最大的一项,尤其是受电脑科技快速进展的影响,在未来,甚至会颠覆广告的本质。

同时,对客户而言,媒体的直接花费是广告费用构成中最大的一项,如何规划、如何评估,经常是客户最关心的服务。但在广告发展的历史中,创意及策略却经常是主导的角色,致使媒体处于次要的地位。许多欧洲的代理商一直到最近十年来才开始注重媒体,但为时已晚,已被媒体独立公司(Media Independent)占去领导地位,而失去了提供全面服务的机会。

在中国,环境的复杂与广大,致使代理商不得不重视媒体服务的建立。同时,客户花费的快速成长,更加需要科学性的规划及评估来避免浪费。不可否认,中国是媒体人员最可发挥能力的舞台。

在奥美的作业模式中,业务中的创意策略、创意发想与媒体投资策略三个重点一向被视为传播成功缺一不可的要项,特别是在媒体投资与行销连结越来越密切的趋势下,媒体的行销意义对传播成败所扮演的角色将越来越重要。

陈俊良先生为早期加入台湾奥美的媒体人员之一,比较难得的经验是在进入媒体工作领域之前,他已经具备7年广告公司客户服务的经验,因此比较容易以行销及整体传播为出发点,思考媒体策略及投资方向。

在奥美工作期间,陈先生参与台湾奥美主要客户媒体作业,以务实的作业态度,在媒体作业上深获客户的信任与好评。1994年年初，从台湾奥美媒体总监的职务调任大陆奥美的媒体总监，三年来对大陆媒体有深刻的了解，也对大陆奥美的媒体专业知识有长足的提升。

这本书可能是第一本对媒体专业知识传承最为完整的书籍，其中没有花哨的理论与空泛的例子，所呈现给读者的是可以据以操作的实用参考。

奥美集团大中国区董事长

宋秩铭

本书前言

  这不是一本轻松的书。写起来不轻松，读起来相信也不轻松。一部分的原因是媒体作业本身即是需要高度专业技巧的行当，另一个原因可能是媒体计划在大陆的发展较慢，作业所需的专业知识也落后于广告的其他作业项目。

  我1979年在台湾地区加入广告行业时，整个台湾地区的广告环境仍然相当单纯。广告主以本地客户为主。媒体环境基本上处于冻结状况，四大媒体的电视、报纸、广播及杂志，除了杂志外，其他三种媒体都受到相当的保护，即禁止新频道及报纸的加入。广告公司则几乎清一色为本土公司，提供的功能偏向客户服务的性质，而对于策略性功能则较为忽略。因媒体环境的垄断，媒体作业内容集中的取得足够的广告时段及版位上，所谓媒体计划也只是媒体排期表（即通称的Cue表）加上一些Cue表形成理由的说明。

  1985年，台湾奥美广告公司成立，翌年我加入台湾奥美，担任的工作也由业务转为媒体计划。十年的媒体生涯，从担任业务时期所学习的行销及媒体知识、到奥美所提供的基本训练、实际作业上的不断提案与练习、客户的挑战与压力、同侪的激荡以及职务期间对或错的经验，所获得的是在媒体知识领域穿梭的自由。本书基本上是前述过程积累的结果。

  回顾十数年的媒体专业领域，最大的遗憾是媒体在整体行销运作当中没有担当起其应有的功能与角色及作出应有的贡献，而目睹当前市场上媒体资源的浪投，感慨则已远超出遗憾范围。

  目前媒体作业的专业书籍，多以英文为主，虽然在理论上也多有启迪，但其开展的环境背景却未必完全与我们所要面对的市场切合。因此，写一本完整介绍媒体作业的中文专业书，始终是多年来对自己的期许。在广告公司繁忙工作的巨大压力下，终于非常艰难地完成了这本媒体的书，我想我可以做的是为对媒体具有兴趣的朋友缩短学习的过程，所希望的是读者能够因为对媒体多一份了解，而少一份资源的浪费，如此也算是对读者花钱购买本书的交代，希望因从本书获得的知识而省下的媒体预算能够远远超过购买它的花费。

本书的内容主要是奥美内部训练所使用的基本专业知识，包括笔者过去为员工所做的教材，以及个人的作业经验，综合理论与实务。读者可以粗略地阅读以获得媒体作业的概念和作业方法的大约轮廓，也可以将它当成实际作业的工具书，来检视媒体作业应有的作业内容及产出。

陈俊良

绪论　行销、广告、媒体与消费者

一、媒体作业的发展

媒体作业（在本书，"媒体"同"媒介"。）在广告走向专业化之后开始加大发展的步伐，特别是在大众媒体本身传播能力提高及广告主对广告时段及版位需求的增加，使媒体价格日益高涨后，广告投资者开始思考每年庞大的媒体投资，所获得的回馈到底是什么。因此，首先是媒体调研开始大量使用，其目的主要是要了解投资的效果；借着调研的发展以及经验的累积，媒体作业开始有一些"成功模式"可以当作操作参考，但主要的出发点仍在"如何购买媒体"；及至现代行销观念出现，媒体被视为行销工具之后，媒体即发展成为行销策略项目之一，媒体作业的重心从单纯的"购买"演变成为计划与购买并重，因此也导致广告媒体作业中媒体计划与媒体购买的分工，且使媒体策略与计划成为行销的延伸。

最近十数年，在电脑技术与视讯传播科技如直播卫星（DBS——Direct Broadcasting Satellite）的前导下，媒体计划及购买在发展上，较之广告公司的其他操作项目（如创意及业务服务等）不仅发展速度快，且有加快的趋势；媒体人员在专业的前提下所面临的挑战，也将远超过目前单纯的时段和版面购买的作业层次。

二、行销、广告、媒体与消费者的基本关系

大众传播媒体作为行销的工具，在作业上首先必须清楚地认知各操作项目的相关位置及功能，以期在思考的出发点上，能有全貌的概念。下图即为媒体、广告、行销、消费者与竞争者之间

的相关位置:

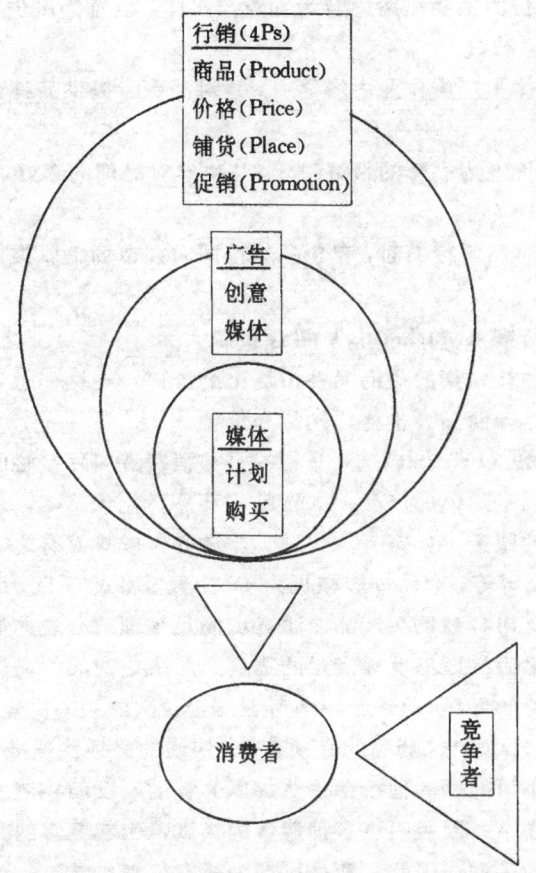

行销、广告与媒体之间的关系,类似三个互相连结、大小不同的齿轮,在动作上必须紧密相扣使力道连贯,为品牌提供最佳产出,从媒体角度则必须了解其间的互动关系,才能使媒体契合整体运作。从上面图形,可以理解:

1. 行销的主要内容为 4P,即商品、价格、铺货和促销。

2. 促销包含广告，因此广告为行销的一环。

3. 广告的主要作案内容为创意与媒体，创意为广告讯息，媒体则为讯息载具。

4. 媒体为广告作业内容之一，是对消费者提供品牌讯息的主要手段。

5. 消费者为品牌的最终决定者，决定对品牌的喜好、购买，也决定品牌的兴亡。

6. 在本品牌行销时，竞争品牌也同时在市场上以类似手法争取消费者。

三、行销（Marketing）组合要点

广义的行销指的是商品在市场上的推广，在操作上，主要有四项内容，即商品、价格、铺货和促销。

1. 商品（Product）。商品指的是与消费者实际接触的物质或服务，可以是具体的产品，如食品、药品、化妆品等，也可以是一种抽象的服务，如银行、快递、旅游等，或兼而有之，如快餐店、电话公司等。商品一般被视为 4P 中最重要的项目，因为消费行为是以支出金钱购买产品或服务以满足生理或心理的需求，在付出金钱之后的期望值被满足的程度，即决定商品的命运。事实上商品本身的好坏，即是影响消费者是否再次购买的决定性因素，如食品的必须好吃，药品的必须有效，快递的必须快速准确等。劣质商品是不可能以其他行销手法加以弥补的，反而在铺货及广告成功的前提下，因吸引更多消费者的尝试，引起更多的失望，而加速商品的死亡。因此，商品可谓为所有行销之首。

包装（Packaging）在某些情况下被列为第五"P"，它主要的作用在于引发消费动机并且因地制宜地提供消费的方便性。

2. 价格（Price）。行销上所谈的价格基本上是订价策略，即从生产到包装、运送、各层铺货单位利润加上广告促销费用等直到消费者的末端价格制定。

市场经济上所谓看不见的手,指的即是价格。价格为市场上调整供需的主要因素,高价对需求产生抑制作用,低价则有鼓励作用。然而低价为生产方所带来的低利润又抑制生产方投入的意愿,因而限制供给方,供方的限制,导致需求大于供给,又促使价格上扬,如此循环制衡,使价格保持在一定平衡点上。

从上述的供需观点加以引申,价格因素的意义在于其比较性:在消费者的心中永远存在价值\价格的天平,即需要与付出之间的评估,以及品牌之间的选择。但值得注意的是,所谓价值,除了产品本身的真正价值外,商品形象所带来的附加价值也扮演相当重要的角色,这也是品牌发挥魅力的地方。

3. 铺货(Place)。铺货在行销上的意义为提供消费者购买的方便性,在商品同质性高、产品形象不突出、价格差异不大的情况下,铺货的广度将是影响市场占有率的主要因素,特别是回转快速的包装商品 (FMPG-Fast Moving Package Good) 基本上皆具有此特性。

铺货的另一个重点为商品的末端铺货点,通常是商品与消费者真正面对面接触的场所,商品最后是否为消费者所选择,将在末端铺货点决定,因此商品陈列的重要性即凸显出来。

传统的铺货观念一向是从厂商到零售点的从上到下观念(Top down),但在大型零售连锁店兴起并掌握消费者接触商品的渠道时,即兴起了通路革命,除了运用现代化设备大幅提高铺货效率之外,更形成以零售点为主体去决定进货商品的方式,甚至出现通路连锁自有品牌的从下到上局面 (Bottom up),其所代表的意义,除了更进一步强调通路掌握商品销售生命外,也促使生产厂商更加强化其对通路的重视与控制。

铺货所需的花费也是行销成本之一,配合不同消费形态,提供不同包装或商品也是铺货的重点之一。

4. 促销(Promotion)。广义的促销包括广告(Adertising)和

促销 (Sales Promotion，指狭义的促销活动)，即通称的 A&P。

在商品、价格及铺货之后，广告在行销上扮演的角色为拉力作用 (Pull)，主要是把顾客拉上门，即利用大众媒体的渠道，吸引消费。(广告的运作与功能将在下面详述。)

促销一般指的是以特殊的购买优惠刺激消费的做法，它对行销扮演强心剂的作用。促销活动包罗万象，简单的如随包装附奖、打折、加量、买 A 产品送 B 产品、抽奖、旧换新、配对送等。每一项促销都会有一定的运作成本，重点在促销活动所带来的利润是否大于成本。且促销活动如前面所述是一种强心剂，但如果一味追求急速的效果也会带来副作用，包括利润流失、品牌形象下降等，因此促销活动虽是短期战术性的做法，但背后也应有长期策略性目标，避免使品牌陷入为促销而促销的局面。长期策略性指的是以短期促销活动为手段，争取品牌长期性利益。在策略性思考上，首先应弄清促销的目的：

——针对非既有使用者，刺激首次购买；

——针对既有使用者，鼓励提高购买量；

——新商品上市前出清旧货；

——鼓励零售点提高进货量以阻碍竞争者铺货；

——提高汰换率；

——解决价格障碍（如分期付款等）；

——借促销送出广告物（如 T 恤衫、电脑鼠标板等）。

只有在清楚的目的下，针对促销对象解决购买障碍，才能使促销扮演临门一脚的作用。

四、广告的作用

广告是针对消费对象、转移其对品牌的态度的说服工作。广告的作用如下图：

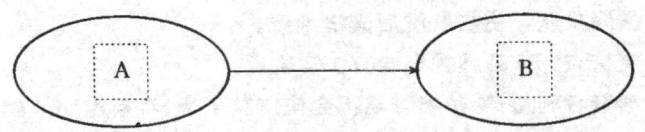

A 点：消费者目前对品牌的看法。

B 点：希望通过广告进行品牌传播后，消费者对品牌的看法。

广告的作用是把消费者从 A 点转移到 B 点，转移作用的产生主要来自创意及媒体：创意主要解决说什么、怎么说的问题，媒体主要解决对谁说、何时说、在哪里说、说几次、通过什么渠道说等问题。

A 点为广告的起始点，B 点为广告结果，A 点与 B 点之间也就是广告所扮演的角色(Role of Advertising)，这个角色的扮演必须是对行销有意义的。

B 点被明确地界定后，广告所要解决的问题随之也可以被清楚地描述和定义。在定义广告角色时，必须非常实际地去理解它是广告可以达成的结果，而且更重要的是必须是商品或服务可以真正提供的功能。因此，在把消费者态度从 A 到 B 转移的说服过程中，必须有商品或服务所能提供的在功能上的支持点(Support)。在广告作业当中，从商品或服务所拥有的支持点出发进行说服，不仅能加强广告诉求力度，也可以使广告不致落于虚假。

广告既然是对消费者进行说服工作，说服的内容就必须是消费者所关心的，因此，广告讯息也必须清楚地传达消费者利益(Consumer Benefit)，这种利益点可以是具象感性的，也可以是抽象理性的。

举香皂品牌 X 为例：

广告前消费者的态度（A 点）：香皂都差不多，只是香味有些不同，洗后效果其实都一样。

希望广告后消费者对 X 品牌的看法（B 点）：X 品牌香皂真的

可以滋润皮肤，使皮肤洗后光滑细致。

支持点：X 品牌香皂含有 1/4 乳霜。

消费者利益：X 品牌香皂不会使皮肤干燥，洗后滋润的感觉你很快可以感觉到。

五、媒体在广告动作中的作用

媒体是广告最终与消费者接触的渠道，广告因消费者的媒体接触而产生效果，媒体是广告作业的一部分，也是行销的延伸。

（一）媒体（Medium）的定义与特性

媒体简单地说即是讯息载具（Message Carrier），凡是能把讯息从一个地方传送到另一个地方的就可称为媒体。在商业广告中所称的媒体，指的是能够承载商业广告的信息载体。商业媒体通常具有以下特性：

1. 大众的。现代工业的大量生产，导致行销地域的再扩大，因而使为行销服务的媒体也必须面对大众传播，因此商业广告谈的媒体指的是大众媒体。

2. 可控制性。商业广告是一种投资行为，投资行为的本质是以较少量的投入换取较大量的回馈。既是投资行为，在投资上即必须具有可控制性，以求达到预期的回馈，然后以回馈检视投资的正确性。同时，在投资的本质及检视的需要下，商业媒体必须具有明确的可评估性。

3. 付费。商业媒体的另一个特性为商业性，所谓商业性的意义是媒体依赖广告为主要盈利来源，所以具有付费特性。媒体的角色与功能当然不仅是盈利，然而媒体定价的主要根据却是其对大众的影响力。

（二）媒体的分类

媒体为一般的通称，它所包括的范围非常广泛，在分类上，可以有以下两个层次的分法：

1. 媒体类别（Media Class）。第一个层级的划分是把媒体大体分为电波媒体、平面媒体、户外媒体及新兴的网络媒体等,其中最大类别为电波与平面媒体,电波媒体包括电视与广播,平面媒体则以报纸和杂志为主。

媒体类别划分的主要意义在于各媒体类别因不同的传播方式而有不同的传播特性及功能,在媒体运用上将因不同目的而有不同的选择,同时因传播特性的差异,在传播效果上也将有所不同。

2. 媒体载具(Media Vehicle)。媒体载具是指在媒体类别下的特定媒体,即一个特定的电视节目(如正大综艺、东方时空等),或一份特定报纸(如人民日报、新民晚报等)。在同一类别的各媒体载具有其不同的涵盖面以及接触群体,在价格及风格上也各自不同。划分的意义在于透过各媒体载具之间的比较,提供媒体选择上的依据。

(三)媒体计划的内容

媒体计划是指在特定的行销环境下,从媒体投资的角度去思考,形成投资策略及执行方案,提供最有效途径去接触消费者,以解决行销所要求的课题及建立品牌。

一个完整的媒体建议(Media Recommendation)应该包括媒体目标、媒体策略及媒体计划三个主要部分:

1. 媒体目标(Media Objective):设定媒体角色及所要达成的目标。

2. 媒体策略 (Media Strategy):

媒体策略的内容包括:

——对谁传播?

——在哪些地区投放?

——什么时候投放?

——投放多少量?

——应该使用什么媒体载具?

——预算运用的优先顺序?

3. 媒体执行方案（Media Plan）：

根据策略制定：

——媒体载具选定。

——媒体执行方案评比与建议。

（四）媒体计划的重要观念

1. 媒体计划并非仅在一一回答上述个别问题，事实上，各个问题之间的相互关系使之成为互动的矩阵，任何一个策略项目的决策，将影响其他项目。例如，对象阶层的设定将影响投放量、投放时间及媒体渠道选择，类似的，地区的选择将影响行程、投放量、工具选择等。重要的观念是，不应把各项目当成个别的问题，而应针对"如何最有效地使用媒体来影响消费者行为及态度"这个问题，从大局的观点，去思考、取舍并作出完整的决策。

2. 在媒体计划作业当中，因涉及众多资料及数据分析、评估与比较，媒体计划常陷入一种算术运算。事实上，在媒体计划当中，首先进行完整的数据分析，绝对是重要而且必须的，因为完整的数据将牵涉计划的对错。然而，在计划正确的前提下，还存在另一层次的问题，即计划的好坏。计划的好坏涉及人为判断品质与创意思考，从另一个角度来看，对错是电脑可以解决的问题，好坏则必须依赖人脑，所以媒体人员在作业中主要的价值应在好坏而不在对错。

3. 媒体计划必须有其特殊性，由于各品牌所处的行销及媒体环境不同，品牌面临的处境各异，广告所要解决的课题也可能不一样，媒体计划也应该为此"量身裁制"。因此，并没有一成不变、放诸四海皆准的媒体计划。

4. 媒体是行销的一环，媒体计划的终极目标是协助达成行销目的。媒体预算占行销预算相当大的比例，行销的成功有赖于杰出的媒体计划，因此媒体计划应依照行销计划去思考和设计，在没有行销计划的情况下，媒体计划将失去依据而形成浪费，模糊的行销计划，也将导致模糊的媒体计划，正所谓"垃圾进、垃圾出"（garbage in, garbage out）。

5. 媒体是品牌与消费者接触的主要渠道，消费者通过媒体的接触，知道品牌、了解品牌，形成对品牌的观感及态度。从另一个角度来看，媒体可以说是品牌在消费者面前演出的主要舞台，对品牌的发展扮演重要角色，品牌在媒体舞台的消失，通常也是品牌消失的前兆。从这个角度延伸，媒体人员在作业当中必须把品牌和媒体效果常置心中。

6. 广告通过一定的媒体载具传送给消费者，然而在现实的生活当中，消费者接触媒体的目的并不是为了接触广告，而是为了娱乐、新闻或知识等其他目的，即消费者打开电视是要观看电视节目，读报纸是为了阅读新闻。广告对消费者而言，反而是不经意闯入的讯息，因此消费者在广告讯息的接收上，经常是不经心且在记忆上是短暂而片段的，对于不感兴趣的讯息则以转移注意加以忽略（大部分的消费者并不知道如果没有广告可能导致媒体载具的消失）。消费者对广告讯息接收态度造成的现象是，消费者并不会依媒体计划去接收讯息，使计划接触人口与实际接触人口和记忆人口之间存在相当大的落差，媒体人员不仅要利用讯息不断地重复来加强消费者的记忆，还要考虑如何在消费者实际接触媒体的现实环境中，寻找出最佳接触时空，使计划的讯息传送能实际进入消费者记忆中。

7. 媒体计划并不应该在制定之后即墨守执行，而必须因应环境的变化，包括竞争者的动作而做机动性调整。但是如果整个计划因短期机动性的调整而失去策略方向，则不是原先的目的和计划不够完善，就是太过受到外部牵引而失去计划重心。

8. 必须定时、经常地检视媒体计划的执行效果，不仅检视计划与执行的差异，还要检视策略执行的准确性和目标的达成，以累积市场经验，提升判断品质。一般检视的方向为：

——计划接触人口的达成率；

——计划接触对象阶层的准确率；

——广告知名度；
——讯息理解度；
——媒体投资与销售及占有率成长。

第一编　媒体计划背景知识

如前面所强调的,媒体计划并不是在真空的环境下发展出来的,媒体计划是在特定的行销及媒体环境中,针对行销以及广告所要解决的特定课题,提供策略性解决方案。因此,在进入媒体计划之前,必须先对下列几个方面有深刻的了解:

1. 行销环境,包括市场规模、品牌占有率、产品生命周期、CDI/BDI 等。

2. 商品的行销计划,包括行销目标、占有率及销售目标、促销活动、新商品上市计划等。

3. 各种媒体的特性、媒体市场供需、各媒体投资效率概况。

4. 广告所扮演的角色和创意策略,包括创意上说什么、怎么说、语气与态势等。

5. 竞争品牌状况,包括竞争品牌媒体投资量、媒体使用状况、主要诉求对象、媒体行程走势等。

6. 消费者资讯,包括消费者对此品类的使用习惯及态度、品牌忠诚度、使用频度等。

这些是媒体计划的基本前提,缺少这些基本资讯,媒体计划将陷入闭门造车或浪费媒体投资的结果。

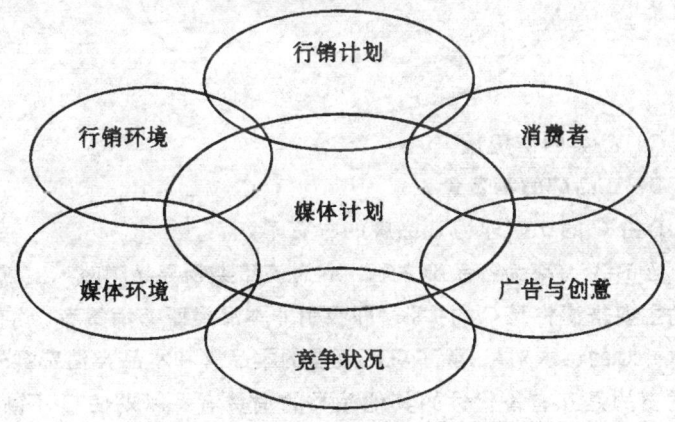

第一章 行销环境分析

行销环境的分析对媒体计划的意义在于评估媒体投资的潜力并协助判断媒体诉求对象的设定正确与否。

第一节 市场形势和产品生命周期

一、市场规模、整体品类的总市场量、成长趋势以及品牌占有率

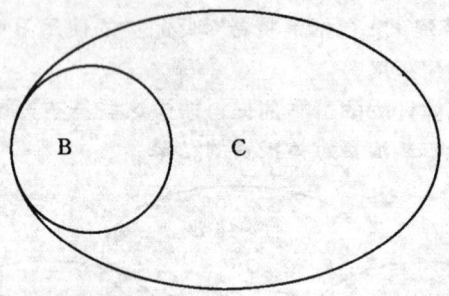

C：品类的消费量。
B：B品牌的消费量。
B占C的比率即为B品牌的占有率。

当B占有率为各品牌之冠，成为该品类领导品牌时，生意扩张的主要来源将是C的扩张，即吸引非本品类既有消费者。此时，媒体针对的诉求对象，除了巩固既有的本品牌和本品类消费群外，更重要的是互有替代性的其他品类的消费者，以期使C不断扩大，连带使占有率最大的B也随之扩大。这也是为何品类领导品

牌，特别是垄断品牌不断地企图扩张品类消费的原因。例如，当某一品牌即溶咖啡已经占有大部分的即溶咖啡市场时，生意的扩大将主要来自目前不喝即溶咖啡的新使用者，例如茶或类似饮料的消费者，竞争品牌的使用者反而成为次要的诉求对象。

如果 B 已经囊括大部分品类消费，而 C 呈现停滞现象，表示品牌及品类成长都已到达一定的极限，媒体投资的主要目的将在于巩固既有市场，因此媒体诉求对象将主要是既有消费者。

如果 B 的占有率有限，特别是品类（C）成长有限时，表示品牌在品类内仍有成长空间，此时生意的扩张将主要来自竞争品牌，媒体诉求对象主要是竞争品牌消费者。

B 品牌在媒体上的投入虽有上述客观环境的差异及限制，然而在策略上仍取决于整体行销采取的态势——是攻势亦或守势，是针对亦或区隔，以主导媒体投资的策略。

分析品类与各品牌消费与媒体投资比，可以帮助了解品类及品牌媒体投资状况，为媒体预算的制定提供参考。

销售与媒体投资比

	销售额（千元）	占有率（%）	媒体投资额（千元）	占有率（%）	媒体投资占销售额的比率（%）
A 品牌	5500	34	500	33	9
B 品牌	3200	20	350	23	11
C 品牌	2800	18	450	30	16
其他品牌	4500	28	200	13	4
整体品类	16000	100	1500	100	9

* A 品牌为领导品牌，投资比为 9%。

* C 品牌表现出投资积极性，投资比为 16%，可以被视为投资的高指标。

* 整体品类投资比为 9%，可以被视为投资的基本指标。

二、产品生命周期（Product Life Cycle-PLC）

品类依其在市场上不同的状态和发展态势大约可区分为导入期、成长期、成熟期及衰退期等四个主要发展阶段。

产品生命周期

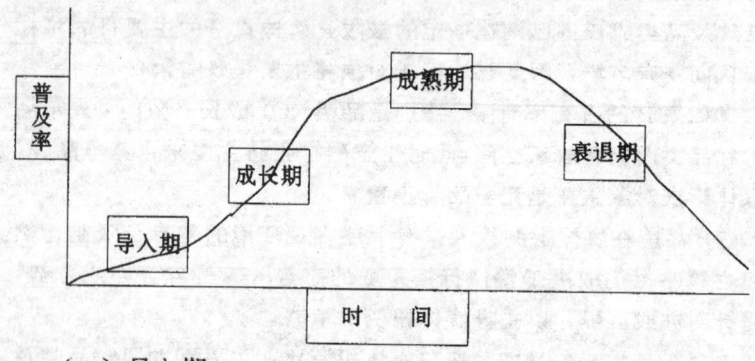

（一）导入期

当一个新的品类刚刚在市场上出现时，一般消费者对新品类的了解较少，使用者局限于对新事物比较勇于尝试的少数消费者，此时消费较低，品牌较少，竞争也较低。

广告在此期间通常扮演教育或告知消费者的角色。因市场的局限，媒体投资通常不高，且因消费者对该品类关心度的不同，而有不同的发展：

1. 在关心度较高的品类。由于消费者对新品类关心度较高，即消费者需要较长的时间去理解新品类，在理解的前提下，才可能产生尝试，因此导入期通常较长，媒体所针对的对象是其他具有替代功能的相关品类的消费者或具有较高尝试潜力的前导消费群，广告的目的主要在教育消费者。媒体在策略上的重点并不是追求广大的涵盖面，而是提高消费者对新品类的理解度以及广告说服的深度。因此，媒体的选择重点通常会放在一些能够传达较多信息且具有阅读性的印刷媒体上。

例如，当信用卡导入一个新市场时，大部分的消费者并不清楚信用卡为何物，广告的目的是让消费者了解信用卡，包括申请、使用的方法及使用信用卡的好处。具有消费潜力的消费群可能是经常出国的族群，因为信用卡可以解决携带现金及货币兑换的问题，取代的品类可能是旅行支票。因此，媒体的诉求对象为经常出国的消费者，特别是旅行支票的既有使用者，同时因为消费者关心度较高，媒体的选择将偏重于阅读性较高、可以完整传达讯息的印刷媒体。

当隐形眼镜刚刚导入市场时，取代的品类是一般眼镜，最具消费潜力的消费群是较时髦、爱漂亮的年轻女性，广告的目的是介绍产品、产品利益及消除疑虑。因此，媒体也将针对这群年轻时髦的女性消费者，提供产品详细介绍，同时因为在此阶段的产品普及率仍然相当有限，所以以媒体策略的重点在于针对正确的潜在消费者提供深度讯息，而不在于对广泛消费者的涵盖。

2. 在关心度较低的品类。低关心度商品，消费者投入风险不大，尝试意愿较高，因而产品导入期相对较短。消费者对商品的理解度对商品购买的影响程度并不大，为快速占有市场，就需要比较广的媒体涵盖面，以期在品类进入成长期前占有先机。

例如，罐装茶饮料在导入市场初期，并没有太多消费者知道市面上有罐装茶饮料，广告的功能在告知，而不需解释。取代的品类主要是其他类型罐装饮料。因为商品单价较低，消费者尝试所付出的风险也较低，所以尝试的意愿相对较高。媒体操作的重点则在于针对既有其他类型罐装饮料使用者提供广泛的告知，而不在对特定较小族群提供深度诉求。同时，如果消费者尝试意愿持续提高，加上其他厂商加入竞争行列，品类使用率及使用频率继续增加，品类将很快结束导入期，迅速进入成长期。

二合一洗发精在导入市场初期，取代品类明显的是单洗单护洗发精，广告的主要功能在告知新品类的上市，针对的消费者是广泛的既有单洗单护洗发精使用者,特别是追求效率或有润发习惯的群体。尝试意愿持续提高,加上其他厂商的加入,促使品类快速进入成长期,甚至成熟期。

(二)成长期

品类进入成长期后,最明显的现象是:新品牌的增加,普及率及使用率大幅提高,市场区域扩张;由于消费率的提高吸引更多的新品牌投入,同时也因新品牌的投入,使行销活动包括广告活动频繁,将集体促使品类消费率的提高。

品牌数的增加,导致各品牌之间竞争逐渐加剧,各品牌在此时期的广告重点在于建立品牌差异化。而且新消费者的不断加入,将促使消费群体结构的改变,即在消费群体中逐渐形成区隔(segmentation)。简单的区隔可以分为既有使用者(existing user)及新使用者(new user),或分为重级使用者(heavy user)、中级使用者(medium user)及轻度使用者(light user),或分为品牌忠诚使用者(royal user)及非忠诚使用者(non-royal user)。

在成长期内,媒体诉求的对象从导入期的以新消费者为主转为新消费者与既有使用者并重。

由于消费者区隔的逐渐形成,整体消费群分化为不同的次群体(sub-group);且由于各个次群体在消费及使用习性的差异,使他们在销售上的价值及意义上也会有所不同。举例来说,重级使用群在销售价值上远比轻度使用群大得多,市场上经常出现的现象是少数的重级消费者占有大部分的消费量:

	占人口比率(%)	占消费比率(%)	价值指数
重级消费者	8	55	688
中级使用者	12	30	250
轻级消费者	23	15	65
非使用者	57	0	—

(价值指数:占消费比率/占人口比率×100)

上表所显示各次群体在销售价值上的差异，也反应在媒体的投资重点上。理论上，媒体预算应根据销售价值合理分配，亦即对具有较高销售价值的次群体，应投以较高的媒体资源比率。但事实上，因市场的需要，也可能为开发新消费者或促使轻级消费者成为中级消费者甚至重级消费者，而在投资上有所权衡调整。

地区性的扩张是成长期的另一个现象，且由于各区域经济发展程度和消费习性存在差异，产品导入市场的时间也有不同，产品在各区域市场形成不同的状态和发展趋势。各区域的发展阶段可以通过 CDI 加以检视，CDI 的检视方法将在下个章节介绍。

（三）成熟期

当品类发展到某种程度，新消费者的增加缓慢甚至停滞，品牌增加也逐渐稳定，品类即进入成熟期。成熟期市场最大的特征是竞争，并且从导入期和成长期的以品类竞争为主，转移到品类内各品牌之间的竞争。

因新消费者不再增加或增加缓慢，品牌之间的竞争即进入互相争取对方消费者的阶段，各品牌在占有率上展开拉锯战，在销售上也呈现此起彼落、互为消长的局面。

由于竞争的需要，市场区隔将进一步被细分，产品的改良及包装上的变化、价位的多元化以及铺货的调整等使市场呈现出一片繁荣景象。

举前面罐装茶饮料市场为例，成熟期市场上的产品将从原来较为单调的口味，如乌龙茶口味，演变成多样口味，如包种、潽洱、龙井等，以更加迎合消费者的选择；在包装上则出现利乐包、罐装、宝特瓶装等各式不同容量包装，以方便消费者在不同场合的选择需求；在价位上也将因成分配方及品牌在消费者心目中价值的不同而产生较大的差距，而出现平价品牌及高级品牌的区分；在铺货上将因地区消费的差异而调整，如住宅区或大型超级市场以家庭号大包装为主，商业区多为随机性个人消费，铺货以方便性罐装为主。

成熟期的另一个现象是众多品牌增加促销活动（SP），以促使销售在短期内获得立即提升，同时由于竞争和促销活动的增加，商品的获利率相对降低。

在成长期所强调的品牌形象、品牌资产，在此时期更凸显其重要性，成功的品牌不仅可以享有较高的忠诚度、稳定的市场占有率，甚至享有在价格上的优势。

媒体在此时期的操作，将不同于前面导入期及成长期的以绝对值为重点，而转为以相对值为重点。在导入期及成长期，媒体对个别品牌而言主要是让消费者认知传播讯息，存在的是够不够的问题；但在成熟期，竞争态势加剧，导致媒体干扰度也大幅提高，媒体操作重点将转为鲜明的竞争导向，所存在的议题不再只是够不够，而是谁比较多、谁比较大声、谁比较密、谁比谁抢得先机。在如此竞争的环境下，媒体操作必须更为机謷，机动性也必须更高。因此竞争品牌的媒体投资分析，也相对显得更加重要。

成熟期商品的市场区隔相较于成长期更加细致，由清楚的一个整体品类，分裂到模糊的次品类（Sub-category）集合，这些次品类或以商品功能划分，或以消费者区隔划分，或以价位划分，或以包装划分，甚至以地区划分。有些品牌在市场区隔的情况下，因产品的改良，成功地走进另一个新品类的导入期，而避开衰退期，如此又开启了另一个生命周期。

（四）衰退期

当品类使用者呈现不仅不再成长反而逐渐减少的现象，品类即进入了市场衰退期。一个品类的衰退，事实上隐含着另一个新品类的兴起。新旧品类的替代推动着消费的进化。

对于进入衰退期的品牌，由于消费者逐渐流失，品牌充其量只能维持既有的销售规模。但由于历经成熟期的价格厮杀，其能拥有利润大多已无法支撑强力的行销动作，反过来说，也因为整体品类行销动作的减弱，使品类逐渐式微。

　　品类的发展，在理论上历经上述的导入、成长、成熟到衰退，再进入一个新品类的循环，且在各时期有其不同的格局与做法。但在现实环境中，不同品类各时期的发展非常难以定义，也没有一定的发展时间，甚至在同一时间点上，各行销者（Marketer）的定义也会出现歧异。因此，把握品类市场状况的重点在于密切地监视市场的变化，同时掌握市场变化的契机。

　　产品生产周期指的是一个产品在发展上的不同阶段。相同的情形，整体品类在发展上也呈现同样的状况，称之为品类生命周期。在分析上应从整体品类的角度较为全面，所获得的资讯也将较客观。

第二节　指数（Index）与加权指数

一、指数

　　在媒体作业过程当中，指数为一项被广泛利用的重要运算工具，主要用于比较，以更清楚地比较数值之间的差异，或整合数值的单位以利于互相比较。例如：

都市人口

都　　市	人口（千人）
A 都市	2350
B 都市	5782
C 都市	12452
D 都市	7830
E 都市	658

　　在上表中，A、B、C、D、E 都市各有其不同人口数，人口数

本身虽然显示出各都市的差异，但差异的大小却难以从上面人口数值中一眼察觉，尤其是在面对数十个都市的情况下；但当把人口数值转换成指数时，各都市人口数的差异就变得比较容易分辨。最简单的转换的方法是，先把最高人口的都市指数定为100，然后以各都市人口数除以最高都市人口，再乘以100，即为该都市人口指数。例如下表指数（A）：

都市人口指数

都　　市	人口（千人）	指数（A）	指数（B）
A都市	2350	19	41
B都市	5782	46	100
C都市	12452	100	215
D都市	7830	63	135
E都市	658	5	11

转换成指数后，各都市之间人口数的差异即清楚地显示出来。在指数A栏中，当C都市人口数为100时，A、B、D、E各都市的人口分别为19、46、63及5。设定指数最主要的目的是清楚地比较，因此并不一定必须把最高值设定为100，如果以中间值为100，可以更清楚的比较，则应设定中间值为100，如指数B。

媒体在操作上，往往必须同时面对多项因素的考察，指数的另一项常用的功能是为操作多种以上项目的比较提供方便。例如，当一个品牌以各都市的人口数及人均收入两项因素评估是否进入该市场时，把各都市的人口数及人均收入列出如下表：

都市人口与收入

都 市	人口（千人）	人均收入（元/月）
A 都市	2350	3450
B 都市	5782	2480
C 都市	12452	1870
D 都市	7830	3200
E 都市	658	4520

从上表的各都市人口与人均收入，很难判断各市场的优先顺序，因此必须把数值转换成指数以进行总的评估：

都市人口与收入指数

都 市	人口（千人）	人口指数	人均收入（元/月）	收入指数	平均指数
A 都市	2350	19	3450	76	48
B 都市	5782	46	2480	55	51
C 都市	12452	100	1870	41	71
D 都市	7830	63	3200	71	67
E 都市	658	5	4520	100	53

上表把人口与收入数值换算成指数后，即比较容易清楚地把两项因素结合在一起评估。平均指数的运算为把两项指数加在一起除以2。

二、加权指数

上表的平均指数计算为把两项指数加在一起除以2，基本上是假设两项因素在评估上是对等重要，即各占50%的重要性。然而实际上，媒体操作所要评估的项目常不仅限于两种，各项目的重要性也须视品类或品牌而定。以上表为例，对大众消费的平价洗发精而言，人均收入的重要性将远不如人口数量，而对较高单价的耐久消费品，如小轿车而言，则人均收入的重要性将远大于人口数。因此，在操作众多不等值项目时，必须先依各项目的重要性给予不一样的权值，算其加权指数再依加权指数评定。

以前述相同情况为例，假设品牌为一般平价洗发精，且判断人口数与人均收入在对市场销售潜力的重要性上，比值约为65比35，则其运算出的加权指数将与平均指数有所差异：

都市人口与收入加权指数

都　市	人口（千人）	人口指数	人均收入（元/月）	收入指数	加权指数
指数重要性		65%		35%	
A 都市	2350	19	3450	76	39
B 都市	5782	46	2480	55	49
C 都市	12452	100	1870	41	79
D 都市	7830	63	3200	71	66
E 都市	658	5	4520	100	38

* 各项目指数重要性的总和必须是100%。

* 各都市的加权指数运算方式为：各都市在每一个项目的指数乘以其指数权值，再将运算结果相加。

在日常生活中，加权指数也可以运用在一些委决难下的项目上：例如要在众多交往的朋友当中，选出结婚的对象，但是每个对象各有其强弱优缺，委实难以下定取舍，在此种状况下，以加权指数的方式，可以理智地选出理想对象。

第一章 行销环境分析 ·35·

平均值

选择条件	对象 A	对象 B	对象 C	对象 D	对象 E
经济条件	100	80	90	70	60
长相气质	80	100	60	80	90
温柔体贴	60	70	100	90	80
浪漫幽默	80	70	60	100	90
家世背景	100	90	80	60	70
专情痴心	60	100	70	90	80
兴趣相投	70	90	60	100	80
勤奋向上	70	60	80	90	100
平均值	78	83	75	85	81

加权值

选择条件	条件权值	对象 A	对象 B	对象 C	对象 D	对象 E
经济条件	15%	100	80	90	70	60
长相气质	5%	80	100	60	80	90
温柔体贴	5%	60	70	100	90	80
浪漫幽默	5%	80	70	60	100	90
家世背景	5%	100	90	80	60	70
专情痴心	50%	60	100	70	90	80
兴趣相投	10%	70	90	60	100	80
勤奋向上	5%	70	90	80	90	100
平均值	100%	71.5	90.5	73.5	86.5	78.5

- 表上所列各对象的 60 到 100 得分为各对象的比较值，即在该条件下选出最佳对象为满分 100，其余对象以相较于最佳的比值设定得分。
- 在表一，各条件均等值的情况下，选中的对象为 D。
- 在表二，"专情痴心"被列为最重要条件而占有 50% 的权值下，对象 B 即成为最理想的对象。

· 各条件权值的设定,可以根据个人对该条件在乎的程度设定,或增减条件。

· 如此可以清楚地评估各对象的积分,而不必抛绣球决定伴侣。

第三节 CDI 与 BDI

一、基本概念和运算方式

CDI(Category Development Index):品类发展指数。

BDI(Brand Development Index):品牌发展指数。

CDI 与 BDI 为评估品类及品牌在一个地区发展状况的工具。

运算方式:

CDI:品类在该地区的销售占全部销售的比率/该区人口占全部人口的比率×100。

BDI:品牌在该地区的销售占全部销售的比率/该区人口占全部人口的比率×100。

CDI 与 BDI 运算举例:

CDI:

地区	人口 (千人)	比率 (%)	洗发精销售 (千瓶)	比率 (%)	CDI
A 地区	3000	18	3600	26	141
B 地区	2500	15	2700	19	127
C 地区	3500	21	2400	17	81
D 地区	6000	36	4000	29	79
E 地区	1500	9	1300	9	102
总计	16500	100	14000	100	100

BDI：

地区	人口 (千人)	比率 (%)	X品牌销售 (千人)	比率 (%)	BDI
A地区	3000	18	1250	25	138
B地区	2500	15	550	11	73
C地区	3500	21	1350	27	127
D地区	6000	36	1400	28	77
E地区	1500	9	450	9	99
总计	16500	100	5000	100	100

二、CDI 与 BDI 的评估

以 100 为基准，评估品类及品牌在各地区的发展状况：

人口占有比率与品类销售比率相符时，CDI 在 100 左右，即表示品类在特定地区的发展在平均水平。如上面 CDI 表的 E 地区，人口占有比率与品类销售比率皆在 9%。

人口占有比率低，而品类销售比率高时，CDI 高于 100，即表示品类的特定地区的发展在平均水平以上。如上面 CDI 表的 A、B 地区。

人口占有比率高，而品类销售比率低时，CDI 低于 100，即表示品类在特定地区的发展在平均水平以下。如上面 CDI 表的 C、D 地区。

与 CDI 评估方式相同，BDI 高于 100，表示品牌在该区发展在平均水平以上；100 左右，表示发展在平均水平左右；低于 100 则表示发展低于平均水平。

三、CDI 与 BDI 交叉检视

根据各地区 CDI 与 BDI 高低的不同，可以组合出下列 4 种市场状况：

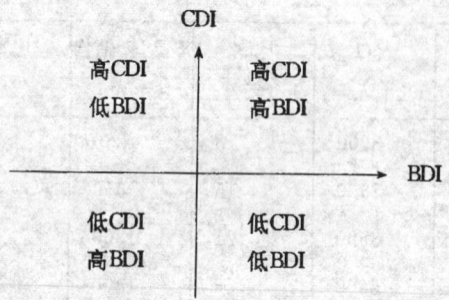

高 CDI、高 BDI：品牌发展状况良好，且处于相对成熟市场；显示较高投资回报。

高 CDI、低 BDI：品牌发展欠佳，但处于相对成熟市场；显示市场潜力，品牌在该市场具有发展空间。

低 CDI、高 BDI：品牌发展状况良好，但处于相对低发展市场；必须评估品类处于导入期抑或衰退期，处于导入期则具有开发机会，若为衰退期则不具开发价值。

低 CDI、低 BDI：品牌发展状况欠佳，且处于相对低开发市场；显示市场开发潜力相当低。

第二章　行销计划的把握

一、行销计划的内容

行销计划为媒体计划的原点，行销计划为根据前述的 4P 为品牌拟订的全年营销计划，基本上必须包括下列内容：

（一）背景资讯分析：

1. 市场状况：
- 市场规模大小；
- 产品生命周期判断；
- 过去发展回顾；
- 经济景气变化以及将来成长趋势预估。

2. 竞争者：
- 定义主要竞争者；
- 各竞争者市场占有率；
- 分析其优势与劣势；
- 预测其动作。

3. 消费者：
- 既有使用者；
- 潜在使用者；
- 消费群的变化；
- 购买观念的变化；
- 需求的变化及购买行为的变化等。

4. 品牌状况：
- 品牌发展回顾；
- 销售成长状况；

- 市场占有率及成长状况；
- 品牌知名度以及品牌形象；
- 同时必须深入评估品牌的 SWOT。

（二）行销目标：

1. 短期目标：包括销售目标、占有率目标、利润目标。

2. 长期目标：品牌远景，包括品牌销售及占有率，以及品牌形象。

（三）行销策略：从 4P 的角度制定达成行销目标的策略。

1. 商品策略：
- 商品改良计划；
- 商品线延伸；
- 新商品上市；
- 商品优先顺序（品牌旗下拥有多项商品时）。

2. 价格策略：
- 零售价；
- 批发价；
- 利润制定。

3. 铺货策略：
- 地区铺货提升计划；
- 新商品铺货行程；
- 经销商策略。

4. 促销策略：
- 促销活动拟订；
- 促销活动行程；
- 促销效果预估；
- 广告扮演的角色；
- 广告商品制定（当同一品牌拥有多项商品时）。

（四）行销费用：
- 促销活动费用（包括促销活动赠品，人员开支等）；
- 广告费用（包括创意制作，媒体费用等）；
- 调研费用。

在上述的行销计划制订后，有经验的媒体人员应该发现媒体策略如何适应行销策略。行销计划提供媒体作业的重要资讯包括：
- 媒体运用的目标是扩大既有市场，抑或拓展新市场；
- 主要竞争品牌和企图对竞争者达成什么目的；
- 核心消费者的定义与可能的潜在消费族群；
- 期望广告解决或达成的行销问题，行销的长程目标与短程目标；
- 行销活动的规划，包括新商品上市、促销活动、新包装等；所需媒体支援的优先顺序；
- 对各行销活动的初步预算安排；
- 商品销货进度，媒体应如何跟进；
- 调研回馈可提供计划修正的机会。

二、背景资讯分析的内容

媒体投资的主要依据是市场规模，即因为市场规模及获利才能有媒体投资，而媒体投资也将促使市场成长，因此对整体市场规模及成长的了解，将提供整体品类媒体投资基本的可能性与比率的大小。媒体投资额对市场销售值的比率，即为品类媒体投资的一般值，即：

$$品类媒体投资额/品类市场销售额 = X\%$$

$X\%$ 可以被视为预估品类媒体投资的指标，当市场预估成长时，X 值也将随之成长，而且品类媒体投资额也将成长。而整体市场的成长与否，同时也将影响媒体露出力度评估。品牌面对成长中的市场环境，相对必须加强广告在媒体中的露出力度。这样做的目的不只是适应竞争的加强，而且是为了协助品牌在市场成长当中抢占位置。

　　品类所处生命周期的判断，如前面章节所提到的，不但影响媒体运用方式，更可以使媒体的目标消费者定义更加明确，进而利用媒体拓展新生意。

　　竞争者的确定，可以帮助分析竞争品牌在投资上的焦点，竞争品牌的占有率及优缺点分析，则可以为媒体计划提供媒体进攻或防守的对象。例如：在主要的竞争品牌为市场占有率最大的领导品牌，而其缺点为旺季期间供应量不足时，媒体行程安排应该注重在旺季给予对手强大压力，促使消费者在竞争品牌供给不足情况下转换品牌。也可以在竞争品牌铺货相对较差地区，发动媒体攻势，抢占市场。（竞争品牌媒体分析将在下面章节详述。）

　　消费者定义与趋势分析，对媒体传送目标阶层的设定，具有关键性影响。理论上，各品牌在计划上市时，皆有其设定的销售对象，且根据这个销售对象设计包装、制定价格及铺货重点等。然而时间的变迁，将导致消费族群的转移，最经常发生的例子是，高档商品在经济发展、收入提高的情况下变成普及化商品。如数年前的高级汽车，因经济能力提高加上更高档汽车的介入市场，成为中级汽车；杀虫剂市场随消费者健康意识的抬头及卫生环境的改善，逐渐转移到农村；快餐店食客逐渐由时髦人士为主变成以有小孩家庭及青少年为主等。市场上成功的品牌往往能够掌握消费趋势的变化，而适时地调整其诉求对象。

　　在调整当中的既有消费者与潜在消费者轻重比率，也将提供媒体预算运用的分配依据。消费行为的变化，也将提供媒体操作的根据，如香皂由个人消费转为家庭性购买再转向赠品市场，因每次购买量的增加，购买周期变长，导致媒体行程由密变疏，再变为以节庆为主。（消费行为分析将在下面章节详述。）

　　媒体人员在操作一个品牌的媒体计划时必须深入了解该品牌的历史和现状，以确认媒体操作出发点，更可以因对品牌的了解去创造品牌媒体机会。

品牌发展回顾	·品牌上市时间,为新品牌或旧品牌:新品牌需要较大推动力量,旧品牌在既有基础上,所需花费力度相对较小。 ·品牌过去所累积的媒体投资金额:借以了解品牌在传播上被建立的程度。 ·回顾媒体投资策略,评估过去策略是否正确,是否需要改善以及应改善地方。 ·品牌过去的改良过程、成功或失败的经验及原因。 ·品牌是否改变过其定位。
销售成长状况	·为成长中品牌还是衰退中品牌。 ·如果是成长中品牌,检视成长的原因:是新消费者的增加,竞争品牌消费者转入或是既有消费者购买量的增加。 ·如果是衰退中品牌,了解衰退原因,把握流失消费群的特征。 ·对比销售曲线与媒体投资之间的相关性,了解相关性大小以及媒体投资与销售反应的时间差。相关性大,表示媒体投资报酬率高,可以依赖媒体占领市场;相关性小则需要长期经营。 ·媒体与销售的时间差为消费者做购买决定时程,可以作为铺货与媒体露出的行程依据。
市场占有率及其成长	·市场占有率大小与占有率排名。 ·占有率成长或衰退。 ·对比市场占有率与销售的关系并判断品类成长状况,借以分析消费潜力及制定媒体投资方式。 市场占有率成长大于销售成长→品类为衰退中品类。 销售成长大于市场占有率成长→品类为成长中品类。

续表

品牌知名度	• 品牌现有知名度，包括提示知名度（Aided Awareness）、未提示知名度（Unaided Awareness）、第一提及知名度（Top of Mind Awareness）。 • 品牌在各项知名度中的排名。 • 检视各项知名度与销售及占有率关系：销售量/各项知名度（提示知名度、未提示知名度及第一提及知名度） 占有率/各项知名度（提示知名度、未提示知名度及第一提及知名度） • 由上述销售量与知名度以及占有率与知名度相除结果，了解它们之间的关系，可以反过来推估要达成设定占有率或销售量时，必须达成的各项知名度。
品牌形象	• 了解品牌偏好度。 • 分析品牌偏好度与销售及占有率的关系。 • 由资讯分析，了解销售及占有率主要受知名度影响还是受偏好影响。 • 品牌偏好需要长期经营，因此需要长时期持续露出。
品牌SWOT 强点（Strength） 弱点（Weakness） 机会（Opportunity） 威胁（Threat）	• 强点为品牌本身具有特性，是与竞争品牌相比具有优势的地方，这些优势必须是对消费者具有意义的。 • 弱点为品牌与竞争品牌相比不如竞争品牌的地方。 • 机会为外在环境，包括消费者、竞争品牌及市场提供给品牌、可以加以利用来增加销售提高占有率或建立形象的机会。 • 威胁为外在环境中存在的对品牌的不利点，例如新的竞争品牌的加入、整体市场的萎缩或法令的限制等。 • 从媒体的角度思考如何强调品牌优势，避开弱点，利用机会以及处理威胁。

三、行销目标的内容

从行销目标了解行销基本态势,并思考媒体计划如何协助达成行销短期及长期目标。

短期目标 销售目标 占有率目标 利润目标	• 由上述知名度对销售与占有率之间的常数及偏好度与销售及占有率之间的常数,推估达成目标所需要的知名度及偏好度。 • 了解品牌目前现状与设定目标之间的差距。 • 制定行销态势为:成长中品牌且采取攻势策略;衰退中品牌且采取维持利润态势;衰退中品牌且采取反攻策略。 • 各种不同的行销态势,将导致不同的媒体策略,如积极进攻或消极防守。 • 细分消费族群区隔,思考并设定新生意的来源,为既有使用者使用量的增加、新的品类使用者、竞争品牌使用者的品牌转换,还是淡季消费提升或旺季消费加强或创造特殊消费时机等。 • 评估媒体预算是否足以支持目标的达成。
长期目标 长期销售目标 占有率目标 品牌形象	• 思考品牌长期销售及占有率目标的生意来源。 • 从策略角度思考媒体如何长期持续经营,以协助达成品牌行销长期目标。 • 选定特定族群,以长期累积方式争取品牌转移,再逐一扩张至另一族群,以提高销售与占有率。 • 选择固定时段、刊物或时机的露出,以使媒体风格与品牌产生形象上的直接联想。

四、行销策略的内容

商品策略 改良计划 产品线延伸 新商品上市 商品优先顺序	• 商品有无改良计划,是包装改变、内容物改变或两者皆改变? 何时推出? 商品改良提供给消费者的主要利益点是什么? 最可能吸引的消费者为哪些族群? 媒体如何利用这些利益点? 应投入多少量?从何时开始? 是否需要前置广告以预告消费者? • 品牌产品线延伸计划?延伸的目的为何? 延伸的产品是否需要媒体支援? 主要设定消费对象为哪些族群? 是否会侵蚀品牌既有消费者? 如何避免商品互相侵蚀? 媒体行程应否错开?媒体诉求对象是否应有所差异? • 是否计划新商品上市? 新商品与既有商品的相互关系为何? 新商品设定对象消费群为哪些族群? 新商品上市时间?铺货行程?铺货路线是否有所不同?是否需要媒体支援?媒体如何配合? • 品牌旗下拥有众多商品时,各商品之间的优先顺序为何? 哪些是战略性商品?哪些是战术性商品? 各商品预估销售比率? 媒体预算是否应依照销售比率分配或依照战略重要性分配? 各商品之间在媒体上应如何配合,以整合品牌所有媒体资源,发挥整体最大效益?

续表

价格策略	• 品牌在零售价格上属于高价位、中价位或低价位商品？商品的价位为影响品牌定位的重要因素，高价商品与高级商品的相对关系性相当强，虽然事实上，高价商品不一定高级，高级商品也不必然高价，但商品的价位制定即在某种程度上标示了商品的定位。 • 在相似价位上的竞争品牌是哪些？ • 了解各品牌的经销利润。 • 分析经销利润对商品陈列及推销意愿的影响，即商品推力（Push）的大小。在商品成本固定条件下，经销利润、零售价格与促销费用即形成互相取舍的状况，即经销利润高，经销商推动意愿较高，推力较强，但造成零售价格高或推广费用较低的结果，零售价格较低，则消费意愿较高，但造成经销利润低，推力较弱及促销费用较低的结果，相同的情形，促销费用较高，造成拉力（Pull）较大，但牺牲经销推力及零售价优势。 • 商品是否有调整价格计划？调低或调高？目的为何？是否影响媒体投资预算？
铺货策略 铺货提升计划 新商品铺货行程 经销商策略	• 了解铺货提升计划：是对周边地区的扩张还是针对既定区域点数的加强？媒体如何适应？ • 对零售店的进货鼓励计划以及销售点的陈列展示的刺激计划如何？是否举办陈列竞赛、发送陈列工具或提供促销物（POP-Point of Purchase）？ • 是否需要媒体配合以达到相乘效果？ • 新商品的上市行程、铺货的进度、何时可以达到媒体露出的规模。 • 媒体是否必须分担鼓励进货的任务？媒体露出对经销商具有鼓励及加强信心作用，特别是对新商品，然而在商品铺货尚未达到某种程度时，媒体的投资，可能因消费者买不到商品，而形成资源的浪费。

续表

	· 了解经销商策略和媒体预算分摊方式。 · 经销商对媒体的影响力和期望以及媒体如何符合经销商期望。
促销策略 促销活动拟订 促销活动行程 效果预估 广告扮演的角色 广告商品拟订	· 全年有哪些促销活动？ · 各促销活动的目的？是吸引新使用者，还是为提高消费量？ · 促销活动的执行方式？是抽奖、随包附送、集点还是其他？ · 促销活动行程？开始、结束、持续时间？ · 促销活动将在哪些地区推出？ · 所针对的消费者为哪些群体？是非品类消费者、竞争品牌消费者、既有品牌消费者还是重级消费者或轻级消费者？ · 是否编排媒体预算？ · 媒体在促销活动中的角色是活动讯息告知（活动期间、活动办法等）、刺激品类使用还是促进品牌转换或促使提高购买量？ · 在整体行销中，广告所需扮演的角色？亦即希望广告达成什么效果以达到行销目的。例如：提高品牌知名度，提示知名度、未提示知名度还是第一提及知名度？从多少百分点提高到多少百分点？提高消费者对商品的理解、改变消费者对品牌的观感，还是提高品牌偏好度？ · 哪些商品是需要广告支持的商品？ · 各商品在媒体上的优先顺序为何？

五、行销费用的构成

行销费用 促销活动费用 广告费用 调研费用	· 了解整体广告与促销费用的编列。 · 了解各商品编列的媒体预算。 · 评估媒体费用是否足以支持广告所要达成的目标？ · 所编列的媒体费用约可以得到多少占有率？与竞争品牌相比如何？ · 是否规划广告效果的调研计划？ · 其他可以提供媒体计划修正参考的相关调研。

第三章　媒体特性的把握

媒体选择包括两个层次的选择：第一个层次为媒体类别选择，主要是分析各类媒体特性，然后依品牌需求选择适合的类别；第二个层次为运用媒体评估工具选出符合效率的媒体载具。在媒体类别选择上，主要是根据品牌广告活动的需求去选择符合要求特性的媒体，因此，在为品牌广告选定媒体前必须先对各类媒体特性加以了解。

如前面章节所定义，媒体两大主要类别为电波媒体与平面媒体，两种不同类别因传播方式不同，在特性上也存在相当大差异。

一、电波媒体与平面媒体特性比较

媒体类别	电波媒体	平面媒体
传播方式	电波传送，讯号还原播出。受众以听或看（电视）的方式接收讯息	纸张印刷，人工传送。受众以阅读方式接收讯息
传播速度	较快	较慢
重复能力	较高，同一创意讯息，可以在短时间内不断重复	较低，对每天发行的刊物，重复所需时间为一天，每周发行的刊物需要一周，月刊则需要一个月才有机会让创意讯息重复露出
讯息内容	广播：声音 电视：声音及活动画面	文字及图片，可以为黑白、套色或彩色

续表

媒体类别	电波媒体	平面媒体
受众主动性	较低,因受电波传送特性影响,当广告出现时,节目即中止,受众只能依电台传送讯息,被动地接收,受众无法控制讯息出现的时间	较高,广告与内文同时并存,受众可以依自己意愿主动选择接收内容,可以依自己方便随时重复讯息的接触
受众接触时投入程度	视情况而定,受众在接触时可能完全投入注意力,也可能注意分散,未注意讯息内容	受众在接触时注意力较集中,通常很少分散注意做其他事
创意承载能力	较适合承载音乐形式、故事形式、比较形式(电视)、示范形式(电视)及印象形式等创意	较适合说明形式、比较形式且讯息量较大、较复杂的创意讯息
广告贩卖方式	以时间为计算单位	以尺寸大小为计算单位

从以上分析可以看出电波媒体与平面媒体在特性上的基本差异,在这些基本差异下,各类别仍有其不同的类别特性及不同的发展现况。以下对媒体类别的特性及发展进行介绍。

二、电视媒体的特性

电视媒体涵盖以卫星、微波及有线等各种形式传播的电视载具。在所有媒体类别当中,电视媒体的传播形式较为先进,受科技之赐,电视媒体的发展也是最快的。由于全国电视普及率的大幅提高,尤其是都市区的普及率都已高达80%以上,使电视媒体成为涵盖面最广的媒体,且由于是通过电波传送,电视也成为传播速度最快的媒体。

在讯息承载能力上，电视具有声音及活动画面的承载能力，使创意可以生动地在消费者面前呈现，因此也提供绝佳的创意舞台。

快速地传递讯息、广泛的涵盖加上良好的创意承载能力，吸引了众多广告主，结果也使电视广告干扰度相对提高。

电视广告的收视对消费者而言为非选择性收视，因此讯息记忆的强制性较高，加上高干扰度，产生的结果是，快速建立起来的广告效果，也可以在短时间内迅速下降，因此，必须不断地重复讯息以维持记忆。

高干扰度、被动地收视，以及一般广告影片秒数的有限，使得电视广告必须累积相当的次数才能产出明显的效果，这种现象形成最低投资量的"门槛"，亦即在投资量未超过门槛的情况下，其效果将非常有限。

电视媒体的发展，除了讯号数位化使画质与音质效果大幅提升外，有线电视普及率的快速发展使频道数迅速增加，观众群也随之分化，同时卫星频道的加入，配合普及的有线网路使其得以着地播出，更丰富观众的选择，除了使观众进一步分化外，暴露在全球性卫星频道下的地球，在快速的电视传播下，似乎越来越小。

电视与电脑科技和电信的结合，也使今日电视不再局限于单纯地传送与接收，而发展成为远远超乎传统的单对众的单向传播模式，成为单对单互动传播媒体，按照今天的发展趋势，21世纪的电视媒体将成为集资讯、沟通、理财、购物与娱乐等多重功能于一身的现代化工具。

三、广播媒体的特性

广播媒体是一种"轻电视"，具有电波媒体特性，但是只能传播音讯而没有视讯。广播曾是一般家庭重要的讯息载具，随着电视的发展，广播的讯息及娱乐功能逐渐为电视所取代，且由于电波媒体的互相取代性，电视的收视高峰往往形成广播的收听低潮。

由于广播媒体的家庭性功能为电视所取代，广播逐渐成为个人化媒体，个人化的结果使广播在接触上比较不受时间和空间的限制。

广播与电视的互相取代性，提供广播媒体接续电视印象的机会，即由广播去延续电视广告讯息，以加强露出频次。

广播媒体在使用上，由于听众在收听时通常并不是非常投入，且收听习惯较不稳定，加上只能传播声讯，使创意的冲击力相对较轻，因此在露出频次上的要求也相对较高。

四、报纸媒体的特性

报纸为最传统的媒体。在传播上，因为没有声音，且广告与编辑内文同时并存，所以读者对阅读内容选择性较强，使得广告的接收较不具强制性。

从另一个角度来看，由于印刷媒体的讯息并不随时间消失，且报纸阅读是读者主动的选择，所以讯息的接收较为深入，商品讯息也因此而获得较为完整的理解。这种特性使报纸媒体在关心度高、理性选择，且需要完整深入说服的品类的广告及在承载复杂的广告讯息方面具有绝对的优势。

报纸媒体的另一个特性是，高阅读率且阅读人口集中于都会区，文字对不识字人口的限制以及媒体内容偏向于新闻，使报纸媒体成为拥有较高素质的受众，且较具权威性的媒体。

整体上说，报纸为商业广告提供一个高涵盖且具有说服深度的媒体，但印刷品质的不足则限制需要高质感广告的品类的运用。

五、杂志媒体的特性

杂志媒体是目前四大媒体（电视、报纸、广播及杂志）中消费者需要花费比较高的金额去取得的媒体，因此也限制了商业杂志媒体的发展；但也因为花费方面对消费者的"过滤"，杂志读者群的结构具有较高品质，且接触深度高于其他媒体。

相对于同为印刷媒体的报纸，杂志具有更为固定的编辑方向，因而阅读人口较为固定且具有一定的特质，在读者区隔清晰的情况下,提供给广告主明确的选择方向。

杂志的发行周期一般为周或月,传播速度较慢,使杂志媒体的使用受到一定限制;

卓越的印刷品质、有限的发行量、固定的接触人口加上深度的说服,使杂志成为小而细致的媒体。

六、户外媒体的特性

户外媒体广泛的定义指的是所有存在于开放空间的媒体载具。户外媒体随着都市经济蓬勃发展,已经成为城市繁荣的一个指标。户外媒体,主要有交通类及建筑类两种类型。

· 交通类:包括机场内外看板及各种类型载具,如电视墙、广播系统等;火车(地铁)、船舶及汽车的停靠站、站牌、车(船)票、车(船)体内外、广播系统、沿线看板、收费站、加油站及休息站看板、电话亭、电话卡、电视车(装备大型电视荧幕,穿梭于人群集中地的广告车辆)等。

· 建筑类:主要为球场、学校、商场、大楼等建筑物的外墙以及顶上的看板、霓虹塔、LED、热气球及其他形式载具。

户外广告所接触的为媒体载具所在地附近的人群,所以和其他媒体不同的是,户外媒体的区域性特别强,因此户外媒体的评估,取决于尺寸大小以及所在(经)地的能见人流及人流特性。

消费者对户外广告的接触,在大部分的情况下都是远距离接触,而且注意程度不高,因此使户外媒体的接触较为"粗略"。这种接触状况使得户外媒体在传播功能上偏重于对消费者作提醒,而不适合于细节繁复的讯息传递。例如在公车体外的广告承载繁复的商品说明,而受众面对移动载具,无法详细阅读,将形成版面的浪费。

户外媒体对置身户外的消费者而言,是唯一存在于周边的媒体,因此对"即兴式"、低关心度的商品具有即时提醒品牌及促销的作用。

第四章 媒体量的评估

媒体评估指通过评估工具的运用,比较媒体类别中各载具的效率与效果,提供媒体人员在媒体载具选择上的客观依据。

媒体影响力的大小来自两个方面:一个是量的方面,即媒体的接触人口,指的是覆盖面的广度;另一个方面为质的方面,即媒体在说服力方面的效果,指的是针对个别单一消费者进行说服的深度。所以媒体的评估工具,也可以划分为量的评估工具及质的评估工具。

媒体载具在量上的评估,基本上可以有三个角度:

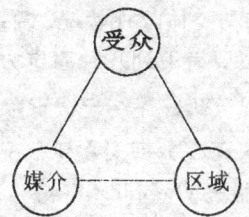

- 从受众角度了解对象阶层在各区域内对各媒体的接触状况及各媒体的受众构成;
- 从媒体角度了解该媒体载具在各区域的受众构成及对象阶层在各地区的接触状况;
- 从区域角度了解该区域各媒体的受众构成及各对象阶层的媒体接触。

评估角度的选择,依不同的分析目的而有所区别。

- 受众角度为广告媒体计划经常采用的角度,主要用以在对象阶层确定的情况下分析阶层的接触状况;

- 媒体角度为媒体经营角度，提供媒体在区域推广及受众设定上的参考；
- 区域角度则主要是为了解当地媒体市场状况。

第一节　电波媒体评估

电视媒体与广播媒体同是电波媒体，但广播媒体的投资规模远小于电视媒体，导致市场对广播媒体收听调查资讯的提供不如电视媒体的完整。至于在媒体的评估与计算方式方面，两种媒体基本是一样的，因此以下的说明即以电视为主。

一、电视媒体评估工具

电视媒体在量上的评估主要根据收视行为调查测得。收视行为调查是通过抽样取得足够的样本数及合理的样本分布，借由样本户收视行为取得，推估整体收视状况。调查的内容为开机率、收视人口与收视率等。主要有下列几种固定方法：

1. 日记法（Diary）：在各样本户留置收视日记，以人工填写方式，记录样本户的家庭成员每天收视状况。

2. 个人收视记录器法（People Meter）：在各样本户装置收视记录器，记录器上设有代表各收视者的按键，收视者在收看及离开时以按键方式按下代表个人按键的开和关，以记录样本户的家庭成员每天收视状况。

3. 被动式记录器法（Passive Meter）：在各样本户装置收视记录器，先将样本户中成员容貌扫描到记录器中记忆，当收视者在使用中的电视机前出现时，记录器即自动辩认收视者并记录其收视状况，收视者收视时不必再按任何按键。

在三种收视率调查方式中，日记法为传统调查方法，个人收视记录器法则因准确率较高且资讯提供速度较快而逐渐普遍，这

第四章 媒体量的评估

两种方式经常合并使用，成为收视率调查的主流。至于被动式记录器法则因成本太高及个人稳私顾虑等因素，尚未普遍。以下对日记法及个人收视记录器法两种不同方式在资讯特性及使用上的差异加以说明：

	日记法	个人收视记录器法
调查方式	人工填写	人工按键、仪器自动记录
时间单位	由于人工填写，通常只能以15分钟以上为计算单位，常用的单位为15分钟或30分钟	仪器自动记录，因此可以细分到以秒为单位，一般以30秒或1分钟为单位（主要为资讯量上的考虑）
收视率	由于人工填写，受测者只能记录收看的节目或时段，而无法记录收看的广告，因此提供的收视率为节目收视率或时段收视率，而无法提供广告收视率。在收视行为上，广告并非收视目的，因此在广告出现、节目中断的时段往往造成观众流失（转台或做其他事情），而使节目收视与广告收视之间产生一定落差。这种落差将受频道数、节目形态、时段及其他频道节目等因素的影响	记录器自动记录收视状况，因此除了节目收视率外，也可以提供广告收视率

续表

	日记法	个人收视记录器法
准确度	较低，由于无法记录广告收视率，且样本户中的记录者有时会因未当场填写而以回忆方式记录	较高，由于仪器自动记录，因此可以细到广告收视率，且可以利用每秒收视率分析广告影片的创意冲击力
误差评估	整体偏高，且因受测者有时以回忆方式填写，致使高知名度且经常收看的节目，测得的收视率高于实际收视率；反之，较少收看的节目所测得的收视率则低于实际收视率	整体偏低，记录器在电视开机而未按任何代表收视者按键时会发出提醒讯息，然而在第二个或以上收视者加入收视时则无法察觉，且收视者在加入收视时常因忘记键入代表自己的按键，致使测得的收视率偏低
提供方式	以问卷回收，键入电脑整理，再提供给用户	通过电话线传输（或以人工收集）资料，直接转入电脑运算
提供速度	由于问卷回收及键入电脑所需时间，致使提供时间约为10天，即当天可以提供10天前收视率	通过网路回收资讯，数据回收速度较快，最快可以隔日提供前一天收视率
成本	由于操作较简单，所以成本较低	较高
样本限制	限制较小，样本可以依人口结构合理分配	在电话普及率较低地区，取样较为困难，勉强取样可能造成样本分布偏差

日记法与个人收视计录器法在统计方式的基本差异是：日记法以 15 或 30 分钟为一个段落，受测者对该时段收视情况回答是截然的"有"或"无"。而记录器则以每分钟计算，因此尚牵涉15分钟内受测者的收视分钟数及比率上的计算。两者统计方式的差异也造成对资料不同的解释。

以上分析说明了两种系统所提供收视率的差异，媒体人员在取得收视率资讯时，可以依据这些特性辨明资讯种类及运用的限制。

使用收视数据时的一个重要观念是，收视人口及收视率经常被直接解释为收看特定节目的人口及比率，事实上，收视人口及收视率指的只是暴露于某一特定节目的人口数或比率，并不一定被观众实际"收看"到。把收视数据当成实际收看，将使媒体效果被过度高估，而可能导致媒体投资的不足。

以下例子为日记与个人收视记录器测得数据的比较，说明节目收视率与广告收视率之间的变化：

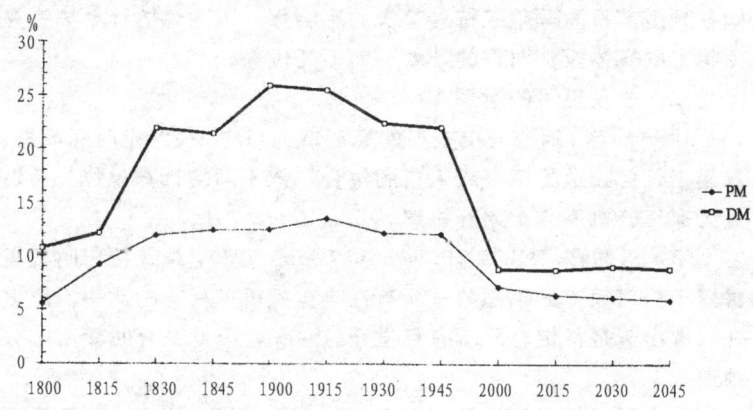

日记法（DM）与 People Meter（PM）的比较

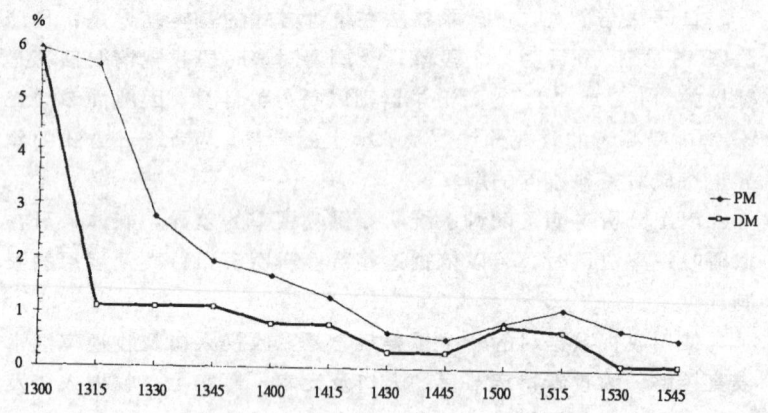

日记法（DM）与 People Meter（PM）的比较

- 所有收视资讯都是过去已经发生的资料，然而收视行为虽有其习惯性，但终究将随收视者的喜好与选择而变化，因此在使用收视资料时，必须参考将来实际投放时的媒体变化作必要修正，如各频道节目的调整或特殊节庆的影响等，因为媒体计划毕竟是为将来的媒体投资而作的计划，而不是过去。

二、收视资讯的运用

1. 开机率：所有有电视机的家庭或人口中，在特定时间段里，暴露于任何频道的家庭或人口的集合。依不同的计算单位，可以分为家庭开机率与个人开机率。

家庭开机率（HUT-Household Using TV）：指在特定时段里暴露于任何频道的家庭数占所有拥有电视机家庭户的比率。家庭开机率由于是特定时段所有频道开机总和，因此只分时段而不分频道。

个人开机率（PUT-People Using TV）：指在特定时段里暴露于任何频道的人口数占所有拥有电视机人口数的比率，个人开机率和家庭开机率一样，只分时段而不分频道。

电视普及率与家庭开机率

X年Y月Z日时段	家庭户数（千户）	电视机拥有户（千户）	电视普及率（%）	开机户数（千户）	家庭开机率（%）
19:00:00—19:14:59	1000	950	95	670	71
19:15:00—19:29:59	1000	950	95	750	79
19:30:00—19:44:59	1000	950	95	620	65
19:45:00—19:59:59	1000	950	95	580	61
20:00:00—20:14:59	1000	950	95	640	67

个人开机率

X年Y月Z日时段	总人口数（千人）	拥有电视机总人口数（千人）	开机人口数（千人）	个人开机率（%）
19:00:00—19:14:59	2660	2527	2100	83
19:15:00—19:29:59	2660	2527	1750	69
19:30:00—19:44:59	2660	2527	1800	71
19:45:00—19:59:59	2660	2527	1625	64
20:00:00—20:14:59	2660	2527	1950	77

开机率可以运用在分析整体家庭收视习性方面，也可以确定不同的"个人"，去分析各不同族群在收视习性上的差异。

个人开机与家庭开机率 时段	17:00	17:15	17:30	17:45	18:00	18:15	18:30	18:45	19:00	19:15	19:30	19:45
HUT(%)	38	42	40	45	35	38	42	52	78	74	68	62
PUT(5-14)(%)	45	55	58	52	47	42	35	28	17	15	12	9
PUT(35-49)(%)	3	5	6	3	8	10	50	55	81	85	80	65

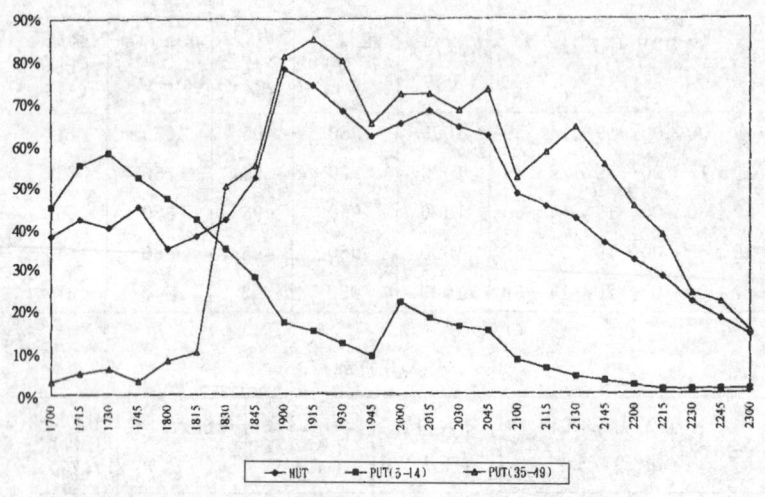

HUT 与 PUT

开机率是从整体的角度去了解家庭与个人或对象阶层的总合收视情况，主要的意义在对不同市场、不同时期收视状况的了解，如分析全年开机率可以发现各地在冬季与夏季收视习惯的变化，寒暑假对小学族群的收视也将有显著的影响。

2. 收视人口与收视率：

收视人口（Audience）：暴露（expose）于一个特定电视节目的人口数。

收视率（Rating）：暴露于一个特定电视节目的人口数占拥有电视人口总数的比率。

收视率依计算单位的不同可以分为家庭收视率与个人收视率：

家庭收视率（Household Rating）：暴露于一个特定电视节目的家庭数占所有拥有电视家庭数的比率。

个人收视率（Personal Rating）：暴露于一个特定电视节目的

收视人口数占拥有电视总人口数的比率。

收视人口与个人收视率

X年Y月Z日 时段	拥有电视机总人口数（千人）	A 频道		B 频道	
		收视人口（千人）	个人收视率（%）	收视人口（千人）	个人收视率（%）
19：00：00—19：14：59	2527	202.16	9	176.89	7
19：15：00—19：29：59	2527	353.78	14	631.75	25
19：30：00—19：44：59	2527	454.86	18	505.40	20
19：45：00—19：59：59	2527	353.78	14	454.86	18
20：00：00—20：14：59	2527	404.32	16	707.56	28

家庭收视率

X年Y月Z日 时段	电视机拥有户（千户）	A 频道		B 频道	
		收看户数（千户）	家庭收视率（%）	收看户数（千户）	家庭收视率（%）
19：00：00—19：14：59	950	86	8	125	13
19：15：00—19：29：59	950	120	13	220	23
19：30：00—19：44：59	950	225	24	175	18
19：45：00—19：59：59	950	160	17	195	21
20：00：00—20：14：59	950	185	19	245	26

在商品的对象消费群被确定之后，所确定的消费群中的收视人口及比率即为对象收视人口与对象收视率。

对象收视人口（Target Audience）：在确定的商品的对象消费

群中，暴露于一个特定电视节目的人口数。

对象收视率（Target Rating）：在确定的商品的对象消费群中，暴露于一个特定电视节目的人口数占所有对象消费群人口的比率。

以下表为例，假设所定义的对象消费群为 20 岁到 34 岁人口，则在 19：00：00—19：14：59 之间收看 A 频道的 20—34 岁人口占所有20—34岁总人口比率，即为 A 频道在当天该时段的对象收视率。

对象收视人口与对象收视率

X 年 Y 月 Z 日 时段	20—34 岁 人口数（千人）	A 频道 对象收视人口（千人）	A 频道 对象收视率（%）	B 频道 对象收视人口（千人）	B 频道 对象收视率（%）
19：00：00—19：14：59	720	100.8	6	43.2	6
19：15：00—19：29：59	720	86.4	12	144	20
19：30：00—19：44：59	720	100.8	14	100.8	14
19：45：00—19：59：59	720	144	20	180	25
20：00：00—20：14：59	720	129.6	18	158.4	22

收视人口、收视率与开机率的计算必须先界定出该电视节目的地区与时段，同一电视节目在不同地区可能有不同的收视状况，如中央电视台的新闻联播在不同的地区有不同的收视人口与收视率，相同情形，一个电视节目在不同时段也可能出现不同收视状况，如正大综艺在同一地区，以每 15 分钟为一个段落计算，每一段落的收视人口及收视率也可能有所差异。

收视率为从观众的角度去分析每个电视节目在开机与收视上的人数和比率；反过来看，也可以从一个电视节目的角度去分析各节目的观众占有率及成分。

观众占有率（Audience Share）：各频道在特定的时段中所占有的观众占拥有电视机的总人口的比率。

观众占有率是以时段开机率的基础下再深入去分析各个频道的占有率，占有率可以以家庭为单位，也可以以设定的对象阶层为单位。

家庭开机率与频道占有率

X年Y月Z日时段	电视机拥有户（千户）	开机户数（千户）	家庭开机率（%）	A频道收看户数（千户）	A频道占有率（%）	B频道收看户数（千户）	B频道占有率（%）
19:00:00—19:14:59	950	670	71	167.5	25	100.5	15
19:15:00—19:29:59	950	750	79	105	14	262.5	35
19:30:00—19:44:59	950	620	65	111.6	18	136.4	22
19:45:00—19:59:59	950	580	61	127.6	22	81.2	14
20:00:00—20:14:59	950	640	67	204.8	32	96	15

个人开机率与频道占有率

X年Y月Z日时段	拥有电视机总人口数（千人）	开机人口数（千人）	家庭开机率（%）	A频道收看人数（千人）	A频道占有率（%）	B频道收看人数（千人）	B频道占有率（%）
19:00:00—19:14:59	2527	2100	83	588	28	252	12
19:15:00—19:29:59	2527	1750	69	210	12	525	30
19:30:00—19:44:59	2527	1800	71	360	20	324	18
19:45:00—19:59:59	2527	1625	64	406.25	25	292.5	18
20:00:00—20:14:59	2527	1950	77	507	26	390	20

时段开机率与频道占有率的分析主要提供两种不同方面的运

用：

在电视媒体经营上：

各时段在家庭收视及个人收视上的收视规模及各频道在各时段上的占有率变化，所代表的意义与前述的品类销售规模及品牌占有率情况相当类似，如果以一个时段代表一个市场，开机率代表的是品类规模，品类有生命周期，时段同时也有其生命周期，频道上的节目即为品牌，频道占有率则相当于品牌占有率，频道的经营与品牌经营并没有差异。从这个分析角度来分析，时段开机率与频道占有率，事实上将为电视台提供在经营电视频道方面的重要资讯。

在电视媒体的运用上：

根据所设定的对象阶层，去分析每个时段的对象开机率以及各频道占有率，除了可以通过品牌设定阶层在各时段的收视规模以掌握其收视习惯外，更可以由对象阶层在各频道之间占有率的转换，掌握设定对象的收视流向，其状况就好像了解鱼儿出现时间，同时掌握出现在各水道的数量与比率的渔夫，获鱼量当然是比较有把握的。

收视率与占有率的差异为：收视率是以总体拥有电视机的家庭、人口或定义下的对象阶层为基准（分母），而占有率则以测量时段中开机的家庭、人口或设定阶层为基础，两者运算方式不同，所代表的运用意义也不一样。

收视率的计算基础为总体拥有电视机的单位（家庭、个人或对象阶层），但对有线电视节目的收视率而言，如果计算的基础是以所有可以收看到有线电视的单位为基础，则与无线电视的数据基准不一，所以不可以把两种数据并列比较。在同一基准点上，如果去比较有线与无线收视率，必须将有线电视收视率乘以有线电视普及率。

3. 观众组合（Audience Composition）：一个电视节目的各阶

层观众占所有该节目观众的比率。

举例说明：

观众组成

频道：　C频道
节目：　P节目
日期：　Y年M月D日
时间：　21：00—21：15
总观众数　2000000

	人数（千人）	比率（%）
男	1300	65
女	700	35
14—	120	6
15—24	360	18
25—34	900	45
35—44	400	20
45+	220	11

除了上表所举的性别及年龄外，其他统计变项，如职业、收入等，也可以列入为分析项目，用以从各个角度了解节目的观众成分。

观众组合分析与前述占有率一样有媒体经营与使用两个主要功能：

在媒体经营上：

理论上，每一个电视节目，在推出时皆应有其设定的收视阶层，观众的组成可以提供对原设定阶层准确度的评估，从检视的角度，了解一个节目既有的观众组成状况，也可以提供节目制作修正方向，以加强吸引既有的设定收视层（设定消费群），或吸引其他收视群（新消费者），提高收视率（即销售）。

在媒体使用上:

从媒体计划是为品牌选择最适合的节目的观点下(在策略上已经决定使用电视媒体情况下),观众组合资讯所提供的是节目的定位及浪费(wastage)检核。如前面所提到的一个电视节目有其吸引的观众群,因此形成观众组合,由观众组合资讯,也可以判断出该节目是归属于哪一个阶层,如"妇女节目"、"青少年节目"、"中产阶级节目"或"学生节目"等,节目的归属代表的意义是观众的关心度与接触投入程度。一般而言,族群对属于自己的节目有较高归属感,投入程度较高,连带使广告效果也较高,特别是高收视且有固定观众的节目。反过来说,如果品牌所设定的对象阶层所占该节目观众比率非常小,则广告效果可以判定将相对较小,因为他们是在观看不是属于他们的节目,当然在关心度及投入程度上是有一些折扣的,这种情况可以以浪费度的计算加以评估。

4. 媒体区域分布分析。媒体区域分析,可以了解跨区域媒体在各区域的分布状况,对跨区域行销的品牌将提供媒体整合及提高购买效率的机会评估。

设定对象地区收视率与收视人口

设定对象(1):20—39,男性

		地区1	地区2	地区3	地区4	地区5
观众总数(2)(千人)		2000	150	800	280	3500
收视率(%)	节目A	23	18	34	18	28
	节目B	12	22	8	14	10
	节目C	26	12	7	33	6
	节目D	28	24	24	22	18
	节目E	4	36	5	7	2

续表

		地区1	地区2	地区3	地区4	地区5
收视人口 （千人）	节目A	460	27	272	50.4	980
	节目B	240	33	64	39.2	350
	节目C	520	18	56	92.4	210
	节目D	560	36	192	61.6	630
	节目E	80	54	40	19.6	70

媒体载具地区观众组合

媒体载具（3）：频道C，节目P

		地区1	地区2	地区3	地区4	地区5
观众总数(千人)		2000	150	800	280	3500
性别（4） （%）	男	65	75	55	20	40
	女	35	25	45	80	60
年龄 （%）	14—	6	2	16	35	60
	15—24	18	12	25	28	6
	25—34	45	18	38	18	8
	35—44	20	35	16	14	12
	45+	11	33	5	5	14

（1）设定对象可以选择品牌对象阶层，也可以选择全人口；

（2）在跨地区的收视率比较上，必须考虑区域人口数的差异，收视率的高低，在不同区域，并不一定代表收视人口的高低；

（3）可以选择以节目为单位去比较节目在各地区的收视状况，或者以频道为单位去比较频道间的差异；

（4）统计变项可以依各变项对品牌的重要性加以选择。如高单价商品，则收入是极为重要的变项，如铺货地区偏向在某些特定地区，则区域即为重要变项。

第二节　印刷媒体评估

　　印刷媒体的评估基础来自于发行量与阅读人口的调查；发行量为广告效果的基础，阅读人口则是在刊物发行量基础下，经过传阅所产生的扩散效果。发行量与阅读人口资讯主要通过下列调查方式获得：

　　发行量：刊物发行到读者手上的份数。

　　·宣称发行量（Claimed Circulation）：由刊物本身根据实际印制量扣除未发行份数所宣布的发行量，为宣称发行量。

　　·稽核发行量（Audited Circulation）：由独立的第三单位对刊物发行量加以查证后，所提供的发行量数据。

　　稽核发行量资讯由于经过第三单位的查证，因此较公正可信。在一般的情况下，没有查证的宣称发行量往往较实际发行量夸大。

　　·ABC（Audit Bureau of Circulation）：发行量稽核机构，为由广告主、广告公司及刊物所合力组成的非营利性组织，通过严格的查证，提供付费发行量认证。ABC源于美国，现已为各媒体成熟市场所广泛使用。

　　阅读人口资讯：阅读人口资讯包括一个市场各阶层对各刊物的接触状况、一份刊物在各市场的读者组合，以及设定对象阶层在各市场对各刊物的阅读率及阅读人口。阅读人口资讯一般通过下列两种方式取得：

　　·刊物读者调查：刊物本身通过对读者的抽样调查取得的有关刊物在各地区传阅率、阅读人口、读者组合、阅读时间及地点等资讯。

　　·刊物接触调查：由第三单位通过对读者的抽样调查，取得调查地区各刊物的阅读率、阅读人口、读者组合、阅读时间及地点等资讯。

在发行量经过查证的情况下,刊物提供的阅读人口资讯将具有较高可信度,在一般情况下,通常使用第三单位提供的资讯,因其立场较为公正,且无利害关系,资讯可信度也较高。

发行量(Circulation):一份刊物每期实际发行到读者手上的份数。

印制量(Printed Volume):一份刊物每期实际印制的份数。

两者指的都是刊物单期发行或印刷的数量,因为个别刊物有其不同的发行周期,所以以全年发行量或固定期间的发行量去计算,并不具太大意义。

发行量与印制量经常被混为一谈,事实上二者不同之处为,发行量为实际到达读者手上的份数,而印制量则是一份刊物的印刷数量,并不一定发行到读者手上(退书或社内存档参考等未发行份数),因此发行量应该小于或等于印制量。发行量与印制量的评估重点为刊物的单期印制数量及发行数量。

发行量可以细分为付费发行量(又分为订阅发行量与零售发行量及赠阅发行量):

订阅发行量:发行量中属于长期订阅部分的发行量。

零售发行量:发行量中属于单期购买的发行量。

赠阅发行量:发行量中以非付费方式发行出的份数。

三种主要类型的发行量在评估上有其不同的价值,订阅发行量的读者对刊物具有较强烈的信心与兴趣,对刊物的投入程度也较高,因此具有较高价值;零售发行量次之;赠阅发行量则大部分并非读者选择结果,因此价值最低。

阅读人口(Readership):固定时间内阅读特定刊物的人数。

阅读率(Rating):在固定时间内阅读特定刊物的人口占总人口的比率。

对象阅读人口(Target Readership):固定时间内,对象阶层阅读特定刊物的人数。

对象阅读率（Target Rating）：在固定时间内，对象阶层阅读特定刊物的比率。

阅读人口与发行量不同的是，发行量是从刊物角度出发去了解每期发行份数，而阅读人口则从读者角度去了解接触个别刊物的人数，所以发行量指的是每期刊物，阅读人口则指固定时间。阅读人口可以分为付费阅读人口以及传阅人口：

付费阅读人口：在阅读人口中属于付费取得刊物的阅读人数。

传阅人口：在阅读人口当中属于非付费间接取得的阅读人数。

与发行量分类意义相同，付费阅读人口具有较高价值，传阅人口则价值较低。

传阅率（平均传阅率）：指每份刊物被传阅的比率，一份刊物被3人所阅读，其传阅率即为3，被5个人所阅读，传阅率即为5。平均传阅率即为每一份刊物平均被传阅的比率。

不同于电波媒体，印刷媒体由于并不会随时间消失，所以可以有传阅效果。每份刊物依其受欢迎程度、铺销及价格而有不同的发行量、传阅率以及阅读人口。阅读人口、发行量与传阅率之间的关系为：阅读人口＝发行量×传阅率。

阅读人口特性（Readers Profile）：指每份刊物阅读人口的统计变项结构，包括性别、年龄、教育、职业、收入等，其计算方式与电视的频道或节目的观众组合相同。

刊物地区分布：对于跨地区发行的刊物而言，刊物在不同区域内有不同的媒体接触状况，形成刊物在地区分布上的差异。在执行上，有些刊物会依不同形式加以分版，如依地区分为华东版、华南版等，依都会区及城镇区分，依职业类别分行业，或依职阶分中高级主管、一般主管及办事员等不同的版，各个版定价不同，广告主可以依需求选择适合的版，如华东都会区中高级主管版，也可以选择购买全国版，去接触所有阅读人口，同时享受多版折扣，这是印刷媒体特有的现象。

设定对象地区阅读率与阅读人口

设定对象：20—39，男性

		地区1	地区2	地区3	地区4	地区5
人口数（千人）		2000	150	800	280	3500
阅读率 (%)	刊物A	23	18	34	18	28
	刊物B	12	22	8	14	10
	刊物C	26	12	7	33	6
	刊物D	28	24	24	22	18
	刊物E	4	36	5	7	2
阅读人口 (千人)	刊物A	4600	27	272	50.4	980
	刊物B	240	33	64	39.2	350
	刊物C	520	18	56	92.4	210
	刊物D	560	36	192	61.6	630
	刊物E	80	54	40	19.6	70

媒体载具地区读者组合

媒体载具：刊物P

		地区1	地区2	地区3	地区4	地区5
人口数（千人）		2000	150	800	280	3500
性别 (%)	男	65	75	55	20	40
	女	35	25	45	80	60
年龄 (%)	14—	6	2	16	35	60
	15—24	18	12	25	28	6
	25—34	45	18	38	18	8
	35—44	20	35	16	14	12
	45+	11	33	5	5	14

第三节 户外媒体评估

前述电波或印刷媒体，除少数新频道或新刊物外，绝大多数为既存于市场的媒体，因此可以通过对过去资料的分析去预估将来的数据。户外媒体则绝大多数为原来并不存在，而是新创造出来为广告功能的媒体，因此很少有资讯可以利用，同时户外媒体的载具形式太过纷杂，更增加评估的困难度。

户外媒体为地区性媒体，因此评估主要在媒体和受众两个角度上，跨区域的评估意义不大。

受众的角度：设定目标对象在活动路线所可能接触到户外广告的地缘位置价值，即户外载具所可能接触目标消费者的数量。评估的方式为在户外载具所在地，以摄像机从能见的各角度在载具露出时间摄下经过的人群，面孔正面朝向户外载具的总人数，即为该载具的接触人口，接触人口组合分析可以由街头抽样调查方式取得，或以外观判断。

媒体的角度：户外载具本身的形式及大小，即载具本身的被注意的能力。在评估上可以从高度、尺寸、能见角度、质材及露出时间等要项检视：

•高度：在高度的评估上，一般认为高度越高的户外载具价值较高，事实上，依照受众行为习惯分析，载具高度评估应以平视能见为最佳高度。高度越高，价值越大的实际意义是，高度较高其辐射范围较大，接触面较广，指的是受众较多，不应该重复出现在高度的评估上。高度的评估指的是纯粹载具本身被注意能力上的评估。

•尺寸：户外媒体的尺寸指的是受众看到的尺寸，并不是载具实际丈量的尺寸，载具与受众距离越远，所呈现的尺寸即越小，在评估上可以把受众在不同的接触距离，载具所呈现的尺寸大小加以分级评分。

·能见角度：即在载具所有可以被看到的角度中，各接触角度的效果评估。正面角度接触效果最为完整，侧面效果较差；受人潮流向的影响，来向具有较佳效果，去向则效果不如来向；单面载具只有单向接触面，四面媒体则有四个方向接触面。载具的能见角度会受到遮拦，在评估上也是以各角度的显示效果加以分级评分。

·材质：户外载具材质所涉及的是呈现创意的能力以及载具本身的吸引力，包括呈现精致创意的能力，载具的亮度以及声音等。

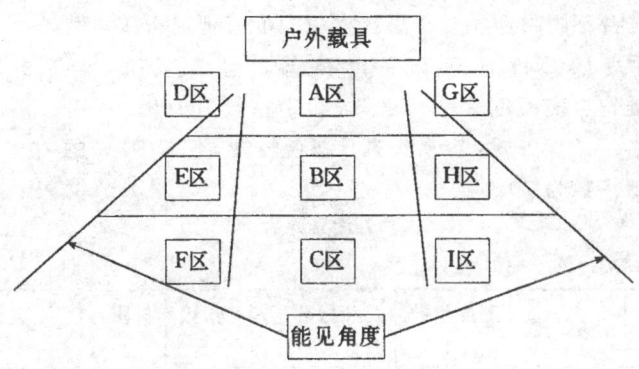

区域划分及指数设定：

户外载具所接触为流动的受众，受众从各不同的距离、角度接触不同高度与质材的载具所产生的效果将有所不同。因此，为使评估具有量化客观的标准,首先将整个接触面分隔为数个区域，单面载具一般可以划分成 9 个区域，各区域拥有不同的受众人数；再依各区域在上述评估项目上的指数计算出各载具的价值。指数的设定可以依照下列方式加以量化：

·高度指数：设定平视高度（ 10～ 20米的高度）为100，以载具高度的中心点为准，往上（或下）每提高（或降低）10 米则递减 10。

• 尺寸指数:以载具面积计算,以所有备选载具中具有最大面积的为 100,然后依各载具在不同距离所见尺寸大小比率定出各载具在分隔区域中的指数。

• 能见指数:以对向载具正面且距离最近的区域为 100,距离较远则指数递减;载具侧面角度指数,则以侧面角度观察的载具尺寸比率为指数,距离较远指数同时递减。

• 材质指数:材质指数为较难量化项目,由于材质种类繁多,对各广告商品及活动的要求所提供的价值不一,因此一般以主观认定为主,在作业上仍可以先设定一个最符合要求的材质为 100,再根据各不同材质相对于最佳材质的价值制定指数。例如:

—— PVC 材质:可以提供精致印刷且颜色亮丽,在所有材质中最能符合商品创意表现需求,设定指数为 100。

—— 油漆方式:容易失真且颜色较暗,仅及 PVC 的 70%,因此设定指数为 70。

户外载具评估

载具: x

载具	受众人数	高度指数(%)	尺寸指数(%)	能见指数(%)	材质指数(%)	合计(人)
A 区	7500	80	100	100	80	4800
B 区	9200	100	85	90	80	5630
C 区	12000	90	70	80	80	4838
D 区	1400	80	100	50	80	448
E 区	2300	100	85	60	80	938
F 区	4500	90	70	70	80	1588
G 区	2400	80	100	55	80	845
H 区	3500	100	85	65	80	1547
I 区	5000	90	70	75	80	1890
合计						22525

载具： Y

	受众人数（人）	高度指数（%）	尺寸指数（%）	能见指数（%）	材质指数（%）	合计（人）
A区	9500	70	85	100	100	5653
B区	12000	90	70	90	100	6804
C区	11500	80	55	80	100	4048
D区	2500	70	85	50	100	744
E区	3400	90	70	60	100	1285
F区	5500	80	55	70	100	1694
G区	2800	70	85	55	100	916
H区	4500	90	70	65	100	1843
I区	6500	80	55	75	100	2145
合计						25132

第四节　媒体投资效率评估

媒体因其对大众的影响力而产生商业广告价值，在这个基础上，媒体价格的高低也应根据其对大众影响力的大小来设定，媒体投资效率即是从单纯量化的观点来评估媒体载具的投资效率。媒体载具投资效率评估的主要工具为"千人成本"（CPM－Cost Per Thousand，亦称为CPT，称为CPM是因M为罗马计数单位上的千）或"收视点成本"（CPR－Cost Per Rating，亦称CPRP－Cost Per Rating Point）：

千人成本：对不同的各节目，广告每接触1000人所需花费金额。计算方式：

$$A\text{ 节目 CPM} = \frac{A \text{ 节目广告单价} \times 1000}{\text{总人口} \times \text{电视普及率} \times A \text{ 节目收视率}}$$

收视点成本：对不同节目，每购买一个收视率（点）所需花费金额。计算方法：

$$A \text{ 节目 CPR} = \frac{A \text{ 节目广告单价}}{A \text{ 节目收视率}}$$

运算举例：

CPM 与 CPR

节目	总人口数（千人）	电视机普及率（%）	收视人口（人）	收视率（%）（*）	30秒单价（元）（**）	CPM	CPR
A 节目	2660	95	758100	30	22000	29	73333
B 节目	2260	95	454860	18	12000	26	66667
C 节目	2660	95	606480	24	18000	30	75000
D 节目	2660	95	227430	9	8000	35	88889
E 节目	2660	95	379050	15	15000	40	100000
平均值	2660	95	2425920	96	75000	31	78125

* 举例的收视率为个人收视率，在应用上可以选择家庭收视率或对象阶层收视率加以运算。同时在收视率资料的选择使用上，可以选择数周的平均值，以分析常态数值，也可以选择最近的数值，以了解最新数据。

**CPM 与 CPR 的比较，必须是在一个固定的计价单位下比较，即固定的秒数、固定的位置，如节目前、节目内或正数、倒数位置等，且如果各电视台或节目所提供的折扣不一样，则输入价格应该以折扣后的实际价格去比较，以使比较结果更具有实质意义。在计价单位的选择上，如果创意材料秒数已经确认，则以确认的秒数的单价为比较基准，如未确认则一般以经常使用的单位为主，即 30 秒。

根据上表数据，在只分析收视人口及收视率的状况下，5 个节目的排名为 ACBED，假设在其他条件不变的情况下，选择的优先顺序应该就是 ACBED。然而，加上投资效率评估之后，以纯效率的角度去选择，选择的优先顺序则改变为 BACDE。引申来说，即在固定预算的情况下，购买 B 节目可以买到最多的收看人"次"（并非人数，人次与人数差异将在下面到达率与频次章节中详述），而购买 E 节目则将买到最少的收看人次。

CPM 与 CPR 在运用上，必须特别注意下列事项：

1. CPM 与 CPR 的意义主要是在各节目互相之间的比较性上，而不在其绝对性。CPM 的作用是通过数据的分析，去比较各节目在投资效率上的差异，以从媒体市场所提供的载具中，选出较划算的载具，因此，单看一个节目 CPM/CPR 数值的高或低，并没有实质意义，假设整个媒体类别所提供的载具只有一个，并没有其他选择，则 CPM 或 CPR 将因无从比较而发挥不了作用。

2. CPR 不能用在跨地区的比较上。当品牌在众多市场当中，选择应该进入哪些市场时，各市场的媒体投资效率也常被列为评估各个市场投入成本效率的考虑因素之一，CPM 或 CPR 较低的市场，即表示投入效率较高。当 CPM 或 CPR 被用于市场投入成本效率评估时，必须特别注意，应该使用 CPM，而不能使用 CPR，因为各市场的收视率是建立在当地的家庭或人口基础上的比率，在不同市场、不同规模的家庭数与人口数的前提下，相同的收视率所代表的家庭与人口数却可能有相当大的差距，例如同样是 20 的收视率，在 1000 万人口的市场代表的是 200 万人，在 200 万人口的市场代表的却只有 40 万人，把 200 万人与 40 万人视为同样数量去比较，将产生数据谬误。因此在跨地区的比较上，应使用千人成本的 CPM，即把收视率转换为收视人口，使评估较为合理。

3. CPM/CPR 不能运用在跨媒体类别的比较上。如前面所陈述，媒体类别的选择是根据品牌在媒体特性与功能上的需求，选择符合品牌要求的媒体类别，媒体载具选择则是在评估类别内各载具的投资效率，以提供载具选择的客观依据，在作业程序上，也应是先选择类别，之后再选择载具。

所以在媒体作业中，在选定媒体类别后，再以 CPM/CPR 作跨类别比较以选择媒体类别，不是陷入"循环参照"的错误推理，就是因效率因素，而完全推翻媒体类别功能与特性对品牌广告活动的重要性。循环参照的错误指的是：根据媒体类别特性决定媒体类别选择,在媒体类别下选择高效率载具,根据跨类别载具效率评估决定媒体类别,再根据类别特性评估决定媒体类别选择……如此来回循环的推理错误。

　　从广告以说服消费者为目的的角度来看,每一种媒体类别因传播特性不同,说服的功效也存在相当大的差异。一支广告影片、一篇报纸广告、一篇杂志广告、一个广播广告和一面户外看板,不止讯息承载能力不一样,在说服力上也差异甚大,是不应予以等量齐观的,况且在各媒体类别中找出合理的计算单位,来比较其效率,如一张半版报纸广告,大约相当于多大版面杂志广告、几秒电视广告、几秒广播广告、什么位置尺寸看板等,也是计算的盲点。

　　浪费度(wastage):品牌设定对象阶层收看某一电视节目人口/所有收看该电视节目人口。浪费度的评估从简单的成本观念去思考,购买一个在观众组合上绝大部分的观众为非品牌设定对象阶层的电视节目,表示购买该媒体的费用绝大多数是花在非品牌设定阶层上,这也是一种媒体明显的投资浪费。

第五章 媒体质的评估

媒体评估在一般的作业上大多偏向上述数量评估,即媒体的涵盖、接触人数、千人成本等,看重的是人数或人头数等媒体效率(efficiency)上的评估。然而,广告主媒体投资的目的是要达成广告效果,如知名度的建立、偏好度的提高等,即媒体效果(effectiveness)。从这个角度思考,媒体投资评估不应只关注接触人口的问题,还要涉及接触效果。购买数量庞大的接触人口,但如果未能达到建立知名或偏好等目的,则媒体投资只是徒然浪费资源。因此,数量上的媒体接触人数固然是媒体效果产生的基础,然而整体效果的产出则还涉及媒体质的问题。

在量化因素评估上的一个基本假设是:设定同一类别下的媒体载具对于各广告活动都是等值,即不同的电视节目所产出的每个百分点收视率对任何品牌及广告活动都是同样价值,不同的刊物所提供的阅读人口对所有品牌及活动也是等值。但事实上,各电视节目因其时段、形态等的不同,对个别品牌及活动所提供的价值将有所不同;不同的刊物因其在读者心中的地位的差异,也将影响刊登广告的说服效果。所谓媒体的质,指的即是不能根据统计加以量化,但实际影响媒体投资效果的因素。质化因素和量化因素最大的差异是,量化因素计算的是广度及成本效率,而质化指的是说服的深度及效果。

由于量化评估是假设各媒体载具为等值,因此在评估上忽略品牌及活动的个别性,而以固定的评估项目评估所有媒体,如收视率、阅读率、千人成本等固定评估项目。但质化评估所着重的则为针对个别品牌及活动,媒体所能提供的价值,所以在评估项目上因个别性较高也较为主观和不固定。一般较常使用的项目为：
- 接触关注度（Involvement）。
- 干扰度（Clutter）。
- 编辑环境（Editorial Environment）。
- 广告环境（Advertising Environment）。
- 相关性（Relevance）。

一、接触关注度（Involvement）

与收视率调查关注消费者"有没有"收看不同，接触关注度指的是当消费者接触媒体时的"质量"，基本的假设是，消费者专注地接触媒体时的广告效果，比漫不经心地接触时高。所谓广告效果，指的就是广告被收视及记忆的程度，奥美伦敦公司的一项研究报告指出，关注度较高的节目相较于一般节目，消费者收看广告的意愿提高49%，广告记忆度则提高30%，证实了媒体接触质量对广告效果的影响。事实上，在传统的收视率资料上加入质量指数以更准确地评估媒体效果，在作业先进地区已经发展为固定的作业系统，在操作上主要是以问卷调查消费者对各节目的收看频次及连续性、主动选择收看或被动参与收看、节目喜欢程度及错过收看的失望程度等来测定各节目的关注度。根据上述的调查，对电视剧、综艺及新闻三种不同形态节目所测得的关注度为：

电视剧：61

综艺节目：52

新闻节目：70

各节目加权收视率，在取得关注指数后，即可加以运算：

收视率与关注度

节目	节目形态	收视率	关注指数	加权收视率
A节目	电视剧	25	62	16
B节目	电视剧	18	62	11
C节目	电视剧	30	62	19
D节目	综艺	32	51	16
E节目	新闻	21	70	15
F节目	新闻	33	70	23

对于未能提供直接关注度的市场,则只能以相关资讯加以主观判断,例如:

A. 以收视率资料检视各节目的收视连续性,即检视单一节目在连续的时段里的收视变化以及在一定期间里的观众重叠性。

收视连续性

时段	A节目	B节目
18:01—18:15	21	32
18:16—18:30	23	12
18:31—18:45	18	28
18:45—19:00	20	10
各时段平均	21	21

收视连续性

星期	A 节目	B 节目
第一周平均（%）	21	21
第二周平均（%）	23	25
第三周平均（%）	22	27
第四周平均（%）	25	18
四周平均（%）	23	23
总收视率（%）	91	91
到达率（%）	28	60
接触频率（%）	3.25	1.52

上表所举例子中的 A 节目与 B 节目比较，在收视率上，两个节目同为 21，但再检视收视连续性时，发现 A 节目的收视较为稳定，B 节目则起伏较大，这种现象可以解释为 A 节目拥有忠诚度较高的观众群，而 B 节目观众群则忠诚度较低，就像会议时，与会者如果专心开会，比较不会进进出出，而进进出出现象的产生通常因为他们对议题的不感兴趣或不关心。

相同的情况，假设 A 与 B 节目皆为每周播出一次的节目，把时段放大为较长的期间，去检视同一节目在每次播出时的观众群是否固定，也可以了解关注程度的差异。A 节目在四周（次）的播出里观众平均收看次数为 3.25 次，而 B 节目则只有 1.52 次。（到达率与接触频度将在下面章节加以详述。）

B. 以节目形态划分，主观判定各形态节目关注指数。以上述英国调查为例，一般而言，新闻节目通常拥有较高关注度，戏剧节目次之，综艺节目则较不固定，甚至同一节目内不同的单元/栏目也有不同的指数。在操作上，可以先设定最高关注节目形态的指数为 100，其余节目形态则以比较值主观设定，如设定新闻节目

第五章 媒体质的评估

为100，戏剧节目相对于新闻节目关注度约为90比100，因此设定戏剧节目指数为90，同样方式可以设定综艺节目指数为75。

以节目形态划分的指数设定必须考虑到对象阶层的差异，因为各不同的对象阶层对于不同的节目形态的态度不一，将导致关注指数上的差异。如儿童对卡通动画节目的关注指数，显然高于其他节目，男性对象阶层对于球赛节目的关心指数也将比女性高。因此，在指数判断时，必须深入考虑对象阶层的性别、年龄、教育、收入以及生活形态等，重点是要能真正掌握消费者所关心及感兴趣的节目形态。

C. 以节目播出时段划分，主观判定各时段指数。关注指数因消费者在不同的时间的媒体接触态度不同也会有所差异。以一般日常作息时间为准，可以把一天的时段划分为：

清晨时段（Early Morning，06：00—08：00）。

白天时段（Daypart，09：00—17：00）。

前边缘时段（Early Fringe，17：00—19：00）。

主时段（Prime time，19：00—22：00）。

后边缘时段（Late Fringe，22：00—24：00）。

清晨时段为上班或上学准备时间，媒体接触通常较为匆促，而使关注度较低；白天时段在一般状况下为上班或上学时间，收视人口也通常因忙于其他事物使关注程度偏向中至低；前边缘时段，为下班、下学及做饭、吃饭时间，收视通常不专心，使关注程度偏向中等；主时段为饭后闲暇时段，收视较专心，但播出节目不一定是喜好的节目，因此关注程度偏向中到高；后边缘时段，外界干扰较小，家中收视成员也较少，可以选择较感兴趣节目，因此关注程度通常为一天中最高。

二、干扰度（Clutter）

干扰度指的是消费者在接触媒体时受广告干扰的程度。如前所述，广告接触对消费者而言，通常并不是目的性行为，即观众收看电视的目的是电视节目,并非电视广告,阅读报纸的目的是新闻或娱乐,并非广告。因此广告所占有媒体载具的时间或版面的比率将影响广告效果,广告所占有比率越高,表示受众所受干扰度越高,效果越低。干扰的现象就如同在房间里讲话,媒体载具有如房间,每个广告代表一个声音,当只有一个声音时,消费者可以仔细听清楚,而当众多人一起出声时,则因互相干扰,各讯息模糊不清,广告效果也因而降低。媒体干扰度的评估,以计算广告占有载具比率为经常使用的方式。例如:

平面干扰度

刊物	总页数	广告页数	比率(%)
A刊物	90	16	18
B刊物	120	24	20
C刊物	145	20	14

电波干扰度

节目	总长度(秒)	广告长度(秒)	比率(%)
A节目	1800	150	8
B节目	3600	600	17
C节目	4500	500	11

在计算干扰度时,同品类竞争品牌的干扰对广告影响较其他品类广告高。为真实反映此种现象,在分析上,可以将直接竞争品牌广告页数(或秒数)加以加权,以计算加权干扰度。

三、编辑环境(Editorial Environment)

编辑环境指媒体载具所提供的编辑内容对品牌及广告创意的适切性。这种适切性可以分为两方面说明:载具本身的形象与地位。

1. 载具形象。载具本身存在于市场上一段时间后,在消费者心目中会形成一定的形象，例如权威的或轻松的、高级的或大众化的、前卫或包罗万象的，载具本身的形象将吸引具有相同心理倾向的视听众，对于具有类似形象的品牌或创意调性（Tone and Manner），也提供较为适切的媒体舞台，因此具有较高媒体价值。反之，品牌或创意表现如果呈现在互不搭调的媒体舞台上，或许在接触人口的数值上差异不大，但所获致的媒体价值则相对降低。例如，以前卫诉求的品牌广告刊登在传统保守形象的杂志上，其媒体价值将大打折扣。

2. 载具地位。载具地位指特定媒体载具在其类别里所占有的地位，如妇女类杂志、体育类报纸或新闻类电视节目在其同类中的领导地位排名。地位排名与视听众大小相关，但并不一定就是视听众大，载具的地位排名就靠前。载具地位对广告效果的意义是，领导地位的载具对其视听众具有较大的影响力，将连带使在该载具出现的广告具有较大说服效果。

四、广告环境（Advertising Environment）

广告环境指的是载具承载其他广告所呈现的媒体环境。它与干扰指数不同，干扰指数是计算载具内广告的量，而广告环境则是指载具内广告的质。对广告环境进行评估的意义在于，如果载具所承载的其他广告都是形象较佳的品牌或品类，受连带影响，本品牌也会被消费者归类为同等形象的品牌。反之，如果载具内其他广告皆为吹嘘不实、制作粗劣的广告，则受其拖累，本品牌广告也将被归为此类型品牌。

五、相关性（Relevance）

相关性指产品类别或创意内容与载具本身在主题上的相关性。例如，运动类商品刊登在体育类刊物上、婴儿用品出现在教育母亲如何育婴的节目上、股票分析软件广告刊登在股票版上、以高科技为创意诉求的商品出现在介绍科技新知的载具上。相关性的意义在于，消费者对于该类型内容的载具有较高的兴趣，因此他们选择接触该载具，品牌依此线索可以接触到对本品类或创意表现方式具有较高兴趣的群体，其产出效果也将较出现在毫不相干的载具上为高。

六、媒体量与质的综合评估

媒体在质的方面的考察，从评估项目的设定上，即出现相当的个别性与分歧性，且在评估上，因为大多缺乏量化的数据，大多以主观判断为主；媒体人员在实际操作媒体载具评估时，有时甚至出现量与质的评估互相矛盾冲突的结果。在这种状况下，媒体人员必须持有的重要观念是，从品牌所处的位置以及所要达成的目标，真确地去辨认各项量与质上的评估项目的结果，及各项目对达成品牌目标的重要性，且依其重要性制定比值，以得出综合量与质的指数，并根据此指数选择媒体载具。例如：

量与质的综合评估

	量化评估				质化评估				加权数据
	收视率(%)	收视率指数	CPR	CPR指数	关注度指数	干扰度指数	编辑环境指数	广告环境指数	相关性指数	
重要性		20%		40%	20%	5%	5%	5%	5%	100%
A节目	30	100	73333	91	100	60	90	90	100	93
B节目	18	60	66667	100	80	100	60	80	60	83
C节目	24	80	75000	89	70	80	100	90	80	83
D节目	9	30	88889	75	90	90	90	100	70	70
E节目	15	50	100000	67	50	60	80	60	70	60

说明：

1. 为整合所有评估项目，并加以运算，必须先把所有项目的数值换算成指数，然后再加以整合，成为综合指数。

2. 在数值换算成指数的运算过程中，有些项目为正相关，即数值越大越好，如收视率、关注度、环境及相关性等项目，有些项目则为负相关，即数值越小越好，如CPR及干扰度等。在整合各正相关项目及负相关项目时,必须注意其运算方式的不同。

3. 正相关项目的运算方式为:以项目中最高的数值为固定分母,再以项目中各载具数值除以该最高数值,因此最高数值载具所获指数即为100,其他载具则依比率降低。如上表的收视率项目上,A节目的30%收视率为最高,因此固定30为分母,其他节目指数则以该节目收视率数值除以30再乘以100,即得到该节目在收视率上的指数,如B节目指数为18除以30乘以100,C节目为24除以30乘以100等。

4. 负相关项目的算法则与正相关相反,即以最低数值为固定分子,再除以各载具在该项目上的数值,如此最低数值载具所获指数即为100,其他载具则依比率降低。如在CPR项目上,B节目的66667为最低,B节目的指数为66667除以66667乘以100,即为100,A节目指数为66667除以73333乘以100,即为91,C节目为66667除以75000乘以100,即为89。

5. 各量化与质化项目的衡量主要是根据各项目对品牌广告重要性比率设定,总数为1(即100%),如上表所举例子,量化与质化因素对品牌重要性的比率为60%比40%。在量化项目中投资效率最为重要,设定CPR权值(Weight)为40%,收视率重要性约为CPR的一半,设定权值为20%;在质化项目上,关注度最为重要,占有20%的权值,其余项目则各占5%权值。

6. 加权指数为根据各评估项目的重要性及载具在各项目中的指数,所计算出来的各载具总积分,用以为载具综合量与质的评定,计算方法为载具在各评估项目中所得到的指数乘以该指数重要性权值的总合。例如:

A节目的加权指数运算为:
(100×20%)+(91×40%)+(100×20%)+(60×5%)+(90×5%)+(90×5%)+(100×5%)

B节目的加权指数运算为:

(60×20%)＋(100×40%)＋(80×20%)＋(100×5%)＋(60×5%)＋(80×5%)＋(60×5%)

・综合指数评估的原则，与前述量化评估中陈述相同，不宜运用在跨媒体类别的评估，否则即容易忽略媒体类别之间的差异或陷入循环参照的逻辑错误。

第六章 媒体环境分析

媒体计划建立在商品行销地区的特定媒体环境上,因此行销当地的媒体环境将对媒体计划具有绝对影响,忽略媒体环境限制也将使计划难以执行而使效果大打折扣。

媒体人员在作媒体选择时必须持有的重要观念是:存在于市场上的所有媒体类别及载具,都有其一定的功能及价值。以下所提供的是对一个市场媒体环境了解的清单,媒体人员应通过对清单的检查,深入地了解当地媒体市场。

一、电视媒体

1. 电视机普及率。
2. 有线电视普及率。
3. 当地电视频道数,接受广告的商业频道数,各频道类型及覆盖率。

• 以接受广告与否划分:

商业频道——可以接受广告。

非商业频道——不能接受广告,如公益频道,付费频道(Pay Channel,频道经营者以收取用户费用为经营方式,频道内不再接受广告)等。

• 以频道的节目内容划分:综合频道、新闻频道、体育频道、戏剧频道等。

• 以传播方式划分:

A. 卫星频道。用户可以直接用碟形接收器接收,但大部分由有线电视台接收后,再通过有线系统传送给用户,因此,各个市场的有线系统普及率对当地的卫星频道覆盖率具有绝对性影响。

B. 无线频道。包括全国频道、省频道和市频道。用户直接以鱼骨形（fish bone）天线接收，覆盖率主要受电视机普及率影响。

C. 有线频道。用户通过有线系统接收，在一个地区内，不同的系统可能提供不同的频道及覆盖地区。

4. 各时段 HUT 及频道占有率，HUT 全年季节性变化。

5. 设定对象在各时段的 PUT 及频道占有率，PUT 全年季节性变化。

6. 各频道观众组合。昨日收看电视人口（Watched TV—Yesterday），所有频道及个别频道过去7天收看电视人口（Watched TV—Past 7 Days），所有频道及个别频道各时段的观众组合（一般采用过去7天资料分析以获取较常态资讯）。

7. 平均开机时数，总人口及各个阶层的每天平均开机时数。

8. 各频道节目安排行程。

9. 各节目的对象阶层收视率及排名。

10. 各节目或时段折扣及单价，包括指定位置及特别节庆等的加价。

11. 各节目的 CPM/CPR 及排名。

12. 广告淡旺季与广告干扰度评估（各节目广告秒数/节目长度）。

13. 广告段落安排（节前、节内、标版等），广告段落的数量及每个段落长度，广告秒数规定。

14. 购买渠道与机会，即可以通过哪些渠道去购买媒体，有无节目赞助或节目交换广告等机会。

15. 购买执行规定：订单期限、确认期限、材料规格、材料缴交期限、付款条件、审批程序等。

二、广播媒体

1. 收音机普及率。

2. 当地广播频道数、接受广告的商业频道数、各频道覆盖率。
3. 各时段 HUT 及全年季节性变化。
4. 设定对象在各时段的 PUT 及全年季节性变化。
5. 各频道观众组合。昨日收听广播人口（Listened Radio—Yesterday），所有频道及个别频道过去 7 天收听广播人口（Listined Radio—Past 7 Days），所有频道及个别频道各时段的观众组合（一般是根据过去 7 天资料分析以获取较常态资讯）。
6. 平均收听时数，总人口及各个阶层的每天平均开机时数。
7. 各频道节目行程安排。
8. 各节目的对象阶层收听率及排名。
9. 各节目或时段折扣及单价，包括指定位置及特别节庆等的加价。
10. 各节目的 CPM/CPR 及排各。
11. 广告淡旺季分布。
12. 广告段落安排（节前、节内、标版等），广告段落的数量及每个段落长度。
13. 购买渠道与机会，即可以通过哪些渠道去购买媒体，有无节目赞助或节目交换广告等机会。
14. 购买执行规定。订单期限、确认期限、材料规格、材料缴交期限、付款条件、审批作业程序等。

三、报纸媒体杂志媒体

1. 市场上报刊数量和分类。
  - 以刊物内容划分：综合类、体育类、科技类、保健类、妇女类等。
  - 以发行周期划分：日刊、周刊、双周刊、月刊、季刊等。
  - 以刊物尺寸划分：32 开、16 开、8 开、对开等。
2. 各报刊发行量及全年的季节性变化。

- 机关订阅发行量、个人订阅发行量、零售发行量、传阅发行量。
- 付费发行量、免费发行量。
- 宣称发行量、稽核发行量。

3. 各报刊印刷品质,是黑白、套色、彩色、网线多寡。
4. 主要报刊的各期编辑内容计划。
5. 各报刊的读者组合。

- 所有报刊及个别报刊的昨日阅读报刊人口 (Read Publication—Yesterday)、过去7天阅读报刊人口 (Read Publication — Past 7 Days),过去1个月阅读报刊人口 (Read Publication — Past Month),及过去3个月阅读报刊人口 (Read Publication — Past 3 Months)。

- 在资料提供上,日刊为昨日及过去7天,周刊为上周及过去4周,月刊为过去1个月及过去3个月。分析读者组合时,通常根据较长周期的资料为主,即日刊以过去7天、周刊以过去4周等,以分析较为常态的状况。

6. 平均阅读份数、总人口及对象阶层的平均阅读份数。
7. 刊物阅读地点、平均阅读时数。
8. 各刊物的对象阶层阅读率及排名。
9. 各报刊内容中最受读者欢迎栏目。
10. 各刊物折扣及单价,包括各种版面、版位及尺寸。
11. 各刊物的 CPM 及排名。
12. 各刊物广告干扰度评估,广告页占总页数比率。
13. 广告淡旺季分布。
14. 广告版面安排(封面、封底、内页等)以及版位安排(栏/吋、半版、全版、跨页等)。
15. 购买机会,即内文编辑配合机会、扩大发行机会、特殊版面购买弹性等。

16. 购买执行规定：订单期限、确认期限、材料规格、材料缴交期限、付款条件、审批程序等。

四、户外媒体

1. 市场上既有存在哪些户外媒体，形态地点、尺寸、材质等。
2. 重要地点，即人潮集中地、交通要道等的户外载具评估。
3. 各重要户外载具的购买状况，如供给方资讯、供需状况、价格弹性、价格、最低合约期限、现有合约状况等。
4. 各地区的人流特性，如收入、职业等。
5. 任何建立户外载具机会地点。

五、其他媒体

1. 市场上是否存在非传统媒体。
2. 非传统媒体的形态、供给方、价格及优缺评估。
3. 运用机会。

第七章　竞争品牌媒体投资分析

竞争品牌可以有下列由狭义到广义的不同层次的定义：
1. 同一品类中价格与定位类似、铺货路线重叠的品牌。
2. 品类中的所有品牌。
3. 任何具有取代作用的商品。

例如：

商品	类似价格、定位与通路	品类中所有商品	任何具替代作用商品
百事可乐	可口可乐	所有可乐	所有饮料
肯德基	麦当劳	所有快餐店	所有餐饮店
麦斯威尔咖啡	雀巢咖啡	所有冲泡咖啡	所有咖啡及茶
宝马汽车	奔驰汽车	所有汽车	所有交通工具

上述层次定义的重要意义在于，竞争品牌的确定，必须清楚地了解品牌既有位置与发展企图，对于占有率相当有限的品牌，如果把竞争范畴定义在所有品类，将不具实质操作意义，反过来说，占有率已经非常高的垄断性品牌，如果仅只把竞争范畴定义在同一品类中价格类似、定位类似、铺货重叠的品牌上，则将限制品牌的发展。

在分析时，可以根据需求从不同的角度加以分析，如从行销角度分析其行销策略，从创意角度分析其创意意图，而在媒体角度上主要是分析竞争品牌的媒体投资策略。引申的意义是，由于媒体为行销的延续，因此媒体策略的分析也可以协助了解竞争品牌的行销企图。

在竞争品牌确定后，即可进行竞争品牌媒体投资分析。在媒体运作中的竞争品牌分析，主要是以各市场轴心或以品牌为轴心分析市场或品牌的投放量、投放量成长率、占有率以及投放季节性的变化等。

1. 以市场为轴心的分析。
- 各市场投放量占全国投放量的比率及比率的变化；
- 各市场中有广告的品牌数及品牌数变化；
- 各市场投放量及投放量的成长；
- 市场投资季节性及变化；
- 市场中的主要投资品牌；
- 主要投资品牌的投放量、占有率及成长状况。

2. 除了以市场为轴心外，可以针对重要的直接竞争品牌，分析其投资状况。
- 品牌在全国投放量、成长率、占有率及变化；
- 品牌在各市场投资比率分布状况；
- 品牌媒体策略运用。

以市场为轴心的媒体投放量、占有率、成长率与广告品牌数。

媒体投放量——以市场分

品牌	项目	合计 (千)	合计 SOV(%)	市场A (千)	市场A SOV(%)	市场B (千)	市场B SOV(%)	市场C (千)	市场C SOV(%)	市场D (千)	市场D SOV(%)	市场E (千)	市场E SOV(%)
N	1995	18892	35	6734	34	3252	37	5160	44	2723	47	1023	14
	1996	32263	27	10236	33	6520	32	10453	24	4372	24	682	10
	成长率(%)	71	−8	52	−0	100	−5	103	−20	61	−24	−33	−4
O	1995	10720	20	3249	16	2256	25	2475	21	1845	32	895	12
	1996	35659	30	9620	31	4783	23	18792	43	1673	9	791	12
	成长率(%)	233	10	196	15	112	−2	659	22	−9	−23	−12	−0
P	1995	9979	19	3551	18	1363	15	1529	13	119	2	3417	47
	1996	23057	19	5839	19	5410	27	8970	20	457	3	2381	36
	成长率(%)	131	0	64	1	297	11	487	7	284	0	−30	−11
Q	1995	6122	11	3239	16	796	9	832	7	593	10	672	9
	1996	5756	5	690	2	1023	5	1823	4	973	5	1247	19
	成长率(%)	−6	−7	−79	−14	29	−4	122	−3	64	−5	86	10
R	1995	2810	5	1853	9	345	4	345	3	29	0	238	3
	1996	18425	15	3480	11	1654	8	3210	7	9520	52	561	9
	成长率(%)	556	10	88	2	379	4	830	4	32728	52	136	5
其他	1995	5266	10	1460	7	870	10	1482	13	431	8	1023	14
	1996	4904	4	1081	3	1012	5	673	2	1265	7	873	13
	成长率(%)	−7	−6	−26	−4	16	−5	−55	−11	194	−0	−15	−0
合计	1995	53789	100	20086	37	8882	17	11814	22	5739	11	7268	14
	1996	20064	100	30946	26	20402	17	43921	37	18260	15	6535	5
	成长率(%)	123	0	54	−12	130	0	272	15	218	5	−10	−8
广告	1995	85	100	18	21	11	13	16	19	22	26	18	21
	1996	99	100	12	12	14	14	25	25	32	32	16	16
	成长率(%)	16		−33		27		56		45		−11	

说明：

* 假设A、B、C、D及E五个市场即构成全国市场。事实上，全国市场将远超过这个数目。在实际操作中，可以将目标市场及潜在市场都列入以取得全貌。

* SOV（Share of Voice）为常用的检视投资占有率的方式之一，指某一品牌在一个市场中所占有的"投资份额"，计算的内容在提供收视率的市场一般指的是总收视率（GRP）。其他检视的内容还有投资金额、档数，在投资金额占有率上称为SOS（Share of

Spending)。

以市场为轴心的媒体投放季节性。

媒体投放季节性——以市场分

市场：A 市场

品牌	年度	(千)%	Jan.	Feb.	Mar.	Apr.	May.	Jun.	Jul.	Aug.	Sep.	Oct.	Nov.	Dec.
N	1995	6734	1212	404	673	539	269	0	0	0	1077	673	1212	673
		%	18%	6%	10%	8%	4%	0%	0%	0%	16%	10%	18%	10%
	1996	10236	1228	512	1228	1024	819	0	0	0	1638	1433	819	1535
		%	12%	5%	12%	10%	8%				16%	14%	8%	15%
O	1995	3249	812	585	390	0	0	0	0	0	0	715	260	487
		%	25%	18%	12%							22%	8%	15%
	1996	9620	2886	770	1539	577	0	0	0	0	0	1732	962	1154
		%	30%	8%	16%	6%						18%	10%	12%
合计	1995	20086	2410	1004	2009	1607	803	603	402	603	803	3214	3013	3615
		%	12%	5%	10%	8%	4%	3%	2%	3%	4%	16%	15%	18%
	1996	30946	4642	2476	3714	928	309	619	619	309	1857	5570	3714	6189
		%	15%	8%	12%	3%	1%	2%	2%	1%	6%	18%	12%	20%

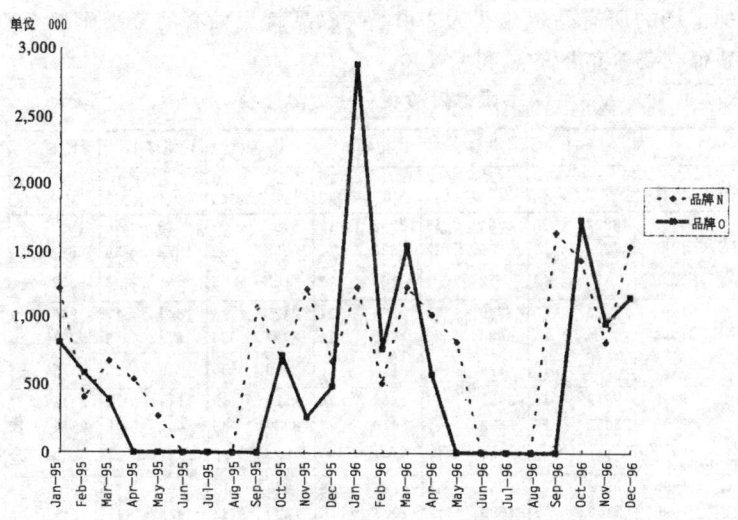

品牌投资季节性

在分析季节性时，新兴市场常因诸多变数的影响使短期间的季节性呈现出不规则状态，为求品牌投资的常态（Norm）分布，常用的方式是以三个月或六个月的移动平均（Moving Average）计算，即以连续的三个月（或六个月）的平均值去计算季节分布。

媒体投放季节性——三个月移动平均
市场：A 市场

品牌	年度	%	Jan.	Feb.	Mar.	Apr.	May.	Jun.	Jul.	Aug.	Sep.	Oct.	Nov.	Dec.
N	1995		6734	1212	404	673	539	269	0	0	0	1077	673	1212	673
		%	18%	6%	10%	8%	4%	0%	0%	0%	16%	10%	18%	10%
		移动平均	763	539	494	269	90	0	359	584	988	853	629	224
			11%	8%	7%	4%	1%		5%	9%	15%	13%	9%	3%
	1996		10236	1228	512	1228	1024	819	0	0	1638	1433	819	1535
		%		18%	5%	12%	10%	8%			16%	14%	8%	15%
		移动平均	989	921	1024	614	273	0	546	1024	1297	1262	785	512
			10%	9%	10%	6%	3%		5%	10%	13%	12%	8%	5%

以品牌为轴心的分析，其基本资讯（即投资额）与以市场轴心资讯相同，差异在于分析角度的不同：在以市场为轴心分析时，个别市场的所有品牌总和为 100，而以品牌为轴心的分析则以个别品牌在各个市场的总和为 100。

媒体投放量——以品牌分

品牌	项目	合计 (千)	合计 SOV(%)	市场 A (千)	市场 A SOV(%)	市场 B (千)	市场 B SOV(%)	市场 C (千)	市场 C SOV(%)	市场 D (千)	市场 D SOV(%)	市场 E (千)	市场 E SOV(%)
N	1995	18892	35	6734	36	3252	17	5160	27	2723	14	1023	5
	1996	32263	27	10236	32	6520	20	10453	32	4372	14	682	2
	成长率(%)	71	−8	52	−4	100		103	5	61	−0	−33	−3
O	1995	10720	20	3249	30	2256	21	2475	23	1845	17	895	8
	1996	35659	30	9620	27	4783	13	18792	53	1673	5	791	2
	成长率(%)	233	10	196	−3	112	−8	659	30	−9	−12	−12	−6
P	1995	9979	19	3551	36	1363	14	1529	15	119	1	3417	34
	1996	23057	19	5839	25	5410	23	8970	39	457	2	2381	10
	成长率(%)	131	0	64	−11	297	9	487	24	284	1	−30	−24
Q	1995	6122	11	3239	53	796	13	823	13	592	10	672	11
	1996	5756	5	690	12	1023	18	1823	32	973	17	1247	22
	成长率(%)	−6	−7	−79	−41	29	5	122	18	64	7	86	11

续表

品牌	项目	合计 (千)	SOV (%)	市场A (千)	SOV (%)	市场B (千)	SOV (%)	市场C (千)	SOV (%)	市场D (千)	SOV (%)	市场E (千)	SOV (%)
R	1995	2810	5	1853	66	345	12	345	12	29	1	238	8
	1996	18425	15	3480	19	1654	9	3210	17	9520	52	561	3
	成长率(%)	556	10	88	-47	379	-3	830	5	32728%	51	136	-5
其他	1995	5266	10	1460	28	870	17	1482	28	431	8	1023	19
	1996	4904	4	1081	22	1012	21	673	14	1265	26	873	18
	成长率(%)	-7	-6	-26	-6	16	4	-55	-14	194	18	-15	-1
合计	1995	53789	100	20086	37	8882	17	11814	22	5739	11	7268	
	1996	20064	100	30946	26	20402	17	43921	37	18260	15	6535	
	成长率(%)	123	0	54	-12	130	0	272	15	218	5	-80	
告品牌数	1995	85	100	18	21	11	13	16	19	22	26	18	21
	1996	99	100	12	12	14	14	25	25	32	32	16	16
	成长率(%)	16		-33		27		56		45		-11	

通过上述媒体资料分析，可以了解整体市场及个别市场与品牌的媒体投资状况，主要的目的是在资讯收集后，能加以解释或判断，以提供品牌媒体策略制定的重要参考。

分析项目	提供资讯及运用
·全国总投资量 ·投资量成长 ·广告品牌数量 ·广告品牌数的成长 ·媒体投资季节性变化	1. 整体品类投资规模、金额以及档数。整体投资规模标示品牌所处的媒体环境，是高度竞争环境还是低度竞争环境。 2. 从整体投资额及成长趋势的角度，预估在下一阶段竞争环境的变化。 3. 品类投资成长趋势，是高度成长、低度成长还是负成长。 4. 成长的原因是来自地区性扩张还是个别市场投资的提高，它们显示的意义，地区扩张显示战线的延长，个别市场的投资提高则意味品牌进入市场阻力的提高。

续表

	5. 如为负成长，则其原因为何；是否显示市场投资价值的降低。 6. 广告品牌的数量，所呈现的趋势为增加还是减少。 7. 广告量的趋势是往大品牌集中，还是分散到各品牌；品牌所面临的竞争是少数的大品牌，还是多数的小品牌。 8. 评估自身品牌预算编列是否适当；品牌预算制定是否应根据整体投资趋势调整，或逆势操作。 9. 全国媒体投资季节性（金额、档数或GRP）、月平均、最高月份、最低月份。 10. 投资季节性是否与销售季节性相符。 11. 投资季节性的变化趋势，往少数月份集中或是扩散至全年。 12. 季节性的变化趋势是否提供任何可能的利用投资机会以创造销售。
·个别市场的投放量，成长率占全国比率以及变化 ·广告品牌数及成长率 ·个别市场的投资排名	1. 了解各市场的投放量、品牌数及竞争情况。 2. 各市场成长趋势，为成长市场还是衰退市场。 3. 各市场投资排名前五或前十位的主要品牌、主要投资品牌所占有该市场投资比率及呈现的成长趋势，主要品牌投资的成长可能显示该市场的潜力，反之，衰退则可能显示过度投资。 4. 个别市场占全国投资的比率及变化，哪些市场是投资重点市场。 5. 投资趋势是否显示投资重心的转移；转移的方向为由一线都市往二、三线都市，还是由南往北，亦或由东往西等。

续表

	6. 个别市场的媒体投资比率与销售比率是否相符,各市场投资价值与机会判断。高销售比率、低媒体投资的市场显示投资机会,低销售比率、高媒体投资则意味市场开发比较困难。 7. 品牌投资策略是否符合整体品类地区扩张趋势;是否必须先于竞争品牌进入中、低度开发市场。 8. 各市场的广告品牌数。品牌数量的快速增加,意味着市场的成长期,品牌的减少则可能显示该市场逐渐形成主要品牌。 9. 个别市场媒体投资季节性(金额、档数或GRP)、月平均、最高月份、最低月份;各市场季节性的差异及造成投资季节性的原因,如气候、节庆或生活习惯等。 10. 投资季节性是否与销售季节性相符。 11. 投资季节性的变化趋势是集中还是扩散。 12. 季节性的变化趋势是否提供可能的投资机会。
• 品牌投资额、成长率、占有率及地区性分布 • 品牌投资季节性	1. 全国及各市场的主要投资品牌(排名前五或前十位的品牌),其投资额及占有率。 2. 竞争品牌中哪些品牌为全国性品牌,哪些为地区性品牌,各品牌的投资重点市场。 3. 竞争品牌所涵盖市场的变化,涵盖市场数的增加(或减少),既有市场及新增加市场以及所显示的投资重心转移或市场扩张企图。 4. 主要竞争品牌的投资成长率,是成长品牌还是衰退品牌。 5. 竞争品牌的成长是来自于地区扩张还是既有市场的加强投资,衰退品牌是否提供本品牌投资机会。

续表

	6. 主要品牌的媒体投资占有率(Share of Spending)与市场占有率(Share of Market)的比对及市场企图评估。 7. 品牌的投资季节性、整体投资季节性与销售曲线是否相符。 8. 本品牌在各市场的媒体投资占有率是否与销售占有率相符。 9. 品牌投资策略应针对竞争品牌重心市场攻坚，还是应采取迂回策略。 10. 从竞争角度评估本品牌在各市场的投资额是否足够，在重点市场的投资占有率（SOV）是否具有竞争力，如为新品牌，则必须投资多少金额才能占有适当的 SOV。

针对主要竞争品牌，可以从媒体策略回归的方式，分析其媒体策略重点。

竞争品牌媒体策略回归	竞争品牌媒体活动
诉求对象阶层分析	·品牌媒体载具选择： 　　品牌通过媒体载具的涵盖去接触消费对象，而每一个载具本身亦有其特定涵盖对象，因此分析竞争品牌在媒体载具上的选择，可以了解竞争品牌所企图接触与说服的对象阶层。例如，选择载具以戏剧节目为主的品牌，其设定对象为年轻及中年女性；选择戏剧为主，儿童节目为辅的品牌，其主要诉求对象应为妈妈，次要对象为儿童；载具选择以新闻为主的品牌，所诉求对象应为中上教育及收入的成年人口，且偏向男性。

续表

媒体选择	·品牌媒体类别运用： 从竞争品牌的媒体类别选择，可以了解各主要品牌在媒体选择上的习性，即分析各品牌在电视、报纸、广播等媒体上的投资额以及所占的比率，以及在各媒体类别中习惯使用的载具。如前述每一个媒体涵盖特定的对象，品牌露出的强度将影响这群特定对象对品牌的印象度。从每个载具为一个战场的角度来看，了解竞争品牌在媒体上的使用习性，可以提供本品牌攻击或防守的媒体方向。
地理性分布	·地区媒体预算分配： 分析竞争品牌在各地区的媒体投资可以了解品牌的地区投资策略及市场扩张发展。一般的扩张路线大多是一线都市开始，再扩张到二线及三线都市，品牌的生产或公司所在地通常也是投资的重点地区。 品牌在各市场的投资占品类总投资的比率及投资市场数增加的速度，可以显示该品牌在地区扩张策略上是以面的广度为主，还是以各既有市场的深度为主。 在媒体载具的选择上，也可以看出地区扩张的企图。媒体选择以省台为主，显示品牌扩张行销区域的企图；反之以市台或市有线台为主，则显示深耕的企图。 从投资的角度分析，品牌投放市场数及在各地区媒体投资的成长率，反映品牌在该市场的销售状态。
媒体行程	·媒体投放行程模式： 借由竞争品牌的媒体排期分析，可以了解其年度媒体投放所采取的模式是全年连续性投放，还是间歇性投放，起始时间、结束时间与投放持续时间、季节性投放变化、每波投放量等。

续表

	媒体行程在不同的行销阶段，将有不同模式，如铺货准备期间的媒体行程与上市期、维持期及促销期的模式将有差异；在不同规模市场，也可能有所不同；竞争也会导致模式的变化。
媒体比重(Media Weight)	·媒体投放量及媒体运用： 分析竞争品牌对各市场的全年投放量、每波投放量以及媒体运用，可以了解该品牌在资源运用上的策略。 广告主在规划投资时，通常以金额、档次或GRP为单位，因此也应以上述单位加以分析。 主要的分析项目为： 1. 每波投放量及平均投放量。每波投放的最高值、最低值及平均值，包括一般平均值、旺季的平均值及淡季平均值（平均值的计算是以总投资量除以广告期间，计算出每周或每月平均投放量）。 2. 媒体策略偏重于广度或频次。在提供收视率及阅读率的市场，可以通过媒体调查资料了解竞争品牌在媒体策略上是以诉求的涵盖面为主，还是针对较小目标群传送较高的频次。 对未能提供媒体资料的市场，则分析竞争品牌的媒体使用以了解其在策略上的偏重。品牌使用大涵盖面的媒体、选择多种不同载具，显示在广度上的偏重；反之，选择较小涵盖面的媒体且固定在少数载具上，则是以频次为主。 比重的分析必须注意品牌对一级市场与二、三级市场投资上的差异，对新上市商品或新的创意也可能有不同的投资策略。

上述的分析，加上长时间的监测与比对，可以检视出主要品

牌的媒体策略轮廓。然而在实际的作业状况下，媒体人员将发现有些品牌即使经过长时间的监测分析，仍然无法归纳出其固定的策略。导致策略浮动的原因，除了市场、生产和法令等偶发因素外，主要的因素是受广告主对媒体投资的策略思考角度影响。一般而言，广告主对媒体投资大约有下列三种导向：

1. 行销导向。行销导向的广告主在制定品牌的媒体投资策略时，是从行销的角度思考，即是整体行销的策略方向下，以达成行销目标为媒体投资策略重点。以行销为导向的广告主，大多偏向在既定的品牌策略下长期操作，在投资上亦较不受销售的影响，因此在方向上比较稳定，在分析其媒体策略时，也比较容易观察出策略方向。

2. 销售导向。销售导向的广告主是根据上阶段的销售利润的产出，制订下一阶段的媒体投资，媒体投资的额度与策略必须视上一阶段的销售状况而定，因此投资额与策略，将依销售起伏而较不稳定，也比较不容易有固定的策略方向，但可以从媒体投资与营收对应关系加以分析，品牌的销售状况也不难从其下一阶段的媒体投资中察觉。

3. 其他导向。对某些广告主而言，媒体投资并不是非根据行销或销售，而是其他诸如人情、政治、税率、公关甚至股票上市等为考虑。此类广告主因以非策略性角度思考与操作，比较缺乏稳定性，而难以确认其投资模式。此类导向广告主媒体投资的着眼点大多并不在品牌或销售，因此长期而言，媒体投资对品牌或销售的助益也将相当有限。

竞争品牌的分析主要是通过定时的资料分析，了解整体品类的媒体投资状况，最重要的是寻找竞争品牌的弱点（或强点），以提供策略发展方向。

第八章　消费者分析

一、消费行为的一般过程

广告的功能为影响消费者的购买决定，在企图对消费者施加影响之前，必须对消费者的购买行为及品牌决定行程先作一番了解：

1. 首先是消费者在日常生活中有一个需求，希望被满足（如口渴希望解渴、希望拥有一部加速快的劲车、换一台清楚一点的电视来欣赏球赛等）。

2. 搜寻可供选择参考的资讯（如看广告，问问亲友，到销售点看货等）。

3. 根据收集的资讯评估，在少数几个品牌中选出想购买的品牌。

4. 最后选定购买品牌，并实际去购买。

5. 开始使用，并评估购买的商品是否符合当初的期望（是否解渴、车速够不够快、电视清不清楚）。

6. 对品牌形成使用经验，对品牌态度也逐渐具像，满足期望的商品即形成正面态度，无法满足期望的商品则形成负面态度。这种对品牌的态度将影响下次购买选择，而且通过步骤2的被咨询，使用后所形成的态度将影响周边消费者。

广告对销售的助益主要集中在上述消费者购买行为前的第2、3、4步骤上，然而在购买后、使用中及品牌形象形成阶段，广告具有提供认同及加强信心的功能。

二、媒体作业中消费行为分析的要素

为使媒体能真正地掌握消费者，作业中所需要的消费者资讯

主要偏重在了解消费者的购买行为及对品牌的态度,包括:

1. 所设定的消费者人口数,全国的消费者总人口数及个别市场的消费者人口数以及消费者的分级。消费者的人口数量为决定市场规模的基本要素,不仅在预算制订时必须根据人口数去预估销售及利润,所有的媒体运算,诸如接触人口及CPM等也是以消费者人口数量为基础的。个别市场的消费者人口数则提供各市场投资价值的基础资讯,人口数量太小的市场显示市场规模也较小,对大众消费品而言,其投资价值将不如规模较大的市场。

在消费者的绝对数量中,存在不同级数的消费者,即重级、中级与轻级消费者,它们各代表不同的消费能力,同时由于各市场成熟程度的差异,不同的市场可能存在不同的人口比率与消费比率,以及所提供给品牌的投资机会。

2. 谁买、谁用、谁影响、谁决定。消费行为包括多种角色的扮演,即购买者、使用者、影响者以及决定者,各种角色在不同的市场,对不同的商品类别,有其不同的重要性,媒体人员必须清楚地掌握各角色的重要性,才能把预算准确地投资在重要的族群上。在角色重要性的判断中,必须注意趋势的改变对角色扮演的影响,例如,在集团采购为主的市场中,一些日用百货的品牌决定者及购买者为集团中的领导或采购,末端消费者只是扮演使用者及影响者角色,但在集团采购数量减少后,末端消费者即开始扮演主要决定者及购买者的角色。又如,在儿童的零用钱渐渐提高的都市区,小零食的购买也由家长渐渐转移到儿童本身。

3. 购买时机及使用时机。消费者依其需要购买商品,从年度来看,因消费者的需要在不同时间上的差异,造成年度销售的季节性曲线,而从更小的时间单位来看,即形成月份、星期、一星期中的特定日子甚至一天中的某段特定时间的购买曲线。受众在不经意的情况下接触广告讯息,讯息认知将随时间的流逝渐淡,因此媒体的露出时机最好能尽量接近消费者的决定时间点,以使广告讯息在消费者作决定时仍然保持鲜明,借以强化广告对消费决定的影响。

4. 购买决定的行程。从时间点来看,消费者从需要产生,到购买决定,到品牌决定,到真正购买的整个时间行程,对不同的品类有一定的时间差,时间差的产生在不同阶段受不同因素影响:

(1) 需要的产生主要来自生理或心理的欲望,期望改善目前状况,广告在此时期扮演刺激发酵的角色。

(2) 从产生需要到购买决定主要受商品在市场中获得的难易程度及经济条件的影响,商品单价越高形成购买决定所需的时间越长(对有些超高单价商品而言,可能长到终生而始终未能如愿购买),商品单价越低购买风险越低,所需购买决定时程则越短。当然,所谓单价的高低是指相对于收入水平而言,在相对高收入的市场中被视为低单价的商品,在低收入的市场可能变成高单价商品。

(3) 消费者在克服价格障碍之后真正到市场搜寻购买品牌,影响品牌选定的主要因素是消费者对品牌的印象,这种印象可以是具体的经验或是抽象的感觉,广告所累积的品牌形象在此时发挥其功能。对绝大部分的消费者而言,品牌选定的过程是从众多的认知品牌中先筛选出 3 至 5 个偏好品牌,再从偏好品牌中选出决定购买的品牌。决定时程的长短也是受对品类关心度的影响,关心度越高,所需的时间越长,越低关心度品类,则所需时间越短,甚至短到消费者未曾察觉决定的存在。

消费者在购买商品之后即进入使用期,商品的使用时机也可以用来影响消费者下次购买的品牌选择。

5. 购买量与购买周期（Purchase cycle）。消费者在购买商品时会有一定的习惯购买数量,在用完购买量之后再回到市场购买,两次购买所形成的周期即为购买周期。购买周期主要是受每次购买量的影响,而每次购买量则受商品单价、使用量、使用频度、购买方便性与保存期等因素的影响。对消费者购买周期的了解可以帮助媒体人员从即时传递广告讯息的角度制定媒体行程策略。

6.忠诚度，单一品牌或多品牌。品牌忠诚度显示品牌消费者流失的可能性，这种可能性对本品牌及竞争品牌在机会上大约是相等的，即消费者容易从本品牌流失也将容易从竞争品牌流失。品牌的忠诚度主要受消费者对品类使用态度的影响，例如洗发精品类，消费者是以级数分类，然后从首选品牌中选出购买品牌，因此在品牌使用上偏向多品牌的轮用，或以某一品牌为主、其他少数品牌轮换的使用模式；对香烟品类而言，因为口味习惯，多数的消费者以一个品牌为主，在一般的情况下不易转换品牌。

在品类整体忠诚度大致相同的情况下，个别品牌间仍然存在差异，形象良好且使用满意度高的品牌其消费者流失的机会将较小，忠诚度也较高。

品牌忠诚度可以通过下列调查加以了解：

品牌忠诚度

上次购买品牌	本次购买品牌				
	品牌A	品牌B	品牌C	品牌D	品牌E
品牌A	70%	15%	5%	7%	3%
品牌B	5%	85%	2%	5%	3%
品牌C	7%	18%	65%	6%	4%
品牌D	8%	12%	14%	60%	6%
品牌E	1%	8%	2%	9%	80%

对A品牌而言，上次购买A品牌的消费者，有70%在本次购买时仍然选择同样品牌。对B品牌而言，则有85%仍然选择B品牌；同样情形，C品牌为65%，D品牌为60%，E品牌为80%，显示出个别品牌的忠诚度。

品类忠诚度可以运用连续购买相同品牌的消费者总数占整体消费者总数的比率加以了解。以上表为例，假设品牌本次购买人数为 F（X），即 A 品牌本次购买人数为 F（A），B 品牌本次购买人数为 F（B）等，品类总购买人数为 F（T），品类忠诚度计算方式如下：

[F（A）×70％＋F（B）×85％＋F（C）×65％＋F（D）×60％＋F（E）×80％] /F（T）

　　从消费者的品牌转换，也可以了解品牌消长，即 A 品牌在流失 30％的消费者同时，从竞争品牌获得 21％（5＋7＋8＋1）的新消费者，B 品牌则在流失 15％的消费者同时，取得 53％（15＋18＋12＋8）的新消费者，C 品牌则流失 35％，取回 23％等。以上运算为假设 A、B、C、D、E 品牌的市场占有率相等，即各为 20％，但在实际的作业状况下，必须根据品牌实际消费人口数加以运算。

　　品牌忠诚度在媒体操作上的意义为，对忠诚度高的品类，由于吸引竞争品牌的消费者相对较为困难，因此在媒体上必须借助较高的频次，才可能达到预期的说服效果。

　　消费者使用品牌状况所提供的资讯是，品牌必须能列入品牌选择的排名数内，才能列入选择之列，亦即在消费者心中候选品牌数为三个时，品牌排名必须在前三位，候选品牌数为五个时，则品牌排名必须在前五位，否则即丧失被选择的机会。因此，品牌的投资量必须争取到前五位的排名，且在质的操作上，要加强品牌在消费者心中的地位。

第九章　媒体与广告创意

媒体与创意为达成广告目标的主要工具，且互为表里，因此媒体在作业上必须清楚地了解定位与创意（这里的创意特别指的是创意策略，即定位、支持点、对消费者承诺与沟通态势等，而非创意作品，如一支广告影片或一张报纸广告等），创意策略的理解对媒体作业的意义是，可以使媒体与创意在一个方向上努力，正面来说可以发挥质量相辅的加乘效果，反面而言，也可以避免各自为政，甚至互相冲突的现象。

创意策略基本上包括下列要项：

1. 行销目的（Marketing Aim）：行销所要达成的目标。

2. 广告扮演的角色（Role of Advertising）：在达成行销目的上，广告所需要扮演的角色。

3. 品牌定义（Brand Defination）：既存品牌的现有个性，及希望塑造的品牌个性。

4. 目标消费群（Target Market）：创意诉求在希望达到说服的目的上，必须深入地理解消费者的内心世界，才能真正进入消费者意识中，期望达成的效果是能与消费者进行一对一的沟通，因此创意策略上的消费者描述比较注重于消费者的心理描述，是以质为导向的描述。

5. 竞争（Competition）：与媒体竞争分析的偏重在量上分析不同，创意上的竞争范畴，偏向质的分析，即注重竞争者广告讯息内容；创意上竞争范畴分析的目的是了解竞争品牌的诉求点，以寻求在创意上的对应之策。

6. A点（Point A）：A点为目前消费者对品牌的态度与看法。

7. B点（Point B）：B点为希望广告后消费者对品牌的态度与看法。

8. 按钮（Button）：从商品提供给消费者的利益引申，可以促使效果发生的关键点。

9. 支持点（Support）：商品所能提供支持按钮成立的商品特点。

一、广告扮演角色与媒体

广告扮演的角色加上A点与B点的距离，提示媒体在任务达成上的困难度指标，与预算运用及媒体的露出行程具有紧密相关性。

广告扮演的角色为知名度的提高时，提示媒体在涵盖面上的要求；角色为造成品牌的转换时，则提示媒体在传送量的制订；角色为争取第一提及知名度或对抗竞争压力时，其媒体做法将有所不同。

预算是影响目的达成的主要因素，角色与AB距离提供媒体预算评估的依据，及在媒体预算固定的情况下，目标的取舍。

二、品牌定义与媒体

品牌定义的意义是设定广告企图吸引对象的心理层面，因此也指出媒体在质上的发展方向，同时限制不符合定位的媒体选择。

例如，某信用卡的定义为"对经常旅游与应酬的人而言，是最被广为使用的信用卡"，这个定义指出高质量的载具为较适切的选择，而低品质的媒体载具，即使拥有广大的受众，也不应在选择之列。

品牌的定义是试图把品牌的焦距聚定在一个点上，同时限制了品牌在其他非策略方向的发展，就如同一个人的个性如果没有特色很难让人留下深刻印象，但鲜明的个性则易形成好恶分明，品牌放弃个性而企图吸引所有消费者，其结果将只吸引到无所谓的消费者，不幸的是这群消费者不但占有消费者比率相当低，品牌即使建立也不容易在无所谓的心态下拥有忠诚度，其现象就如没有主张的人很难能有知心，且随波逐流终将失去自我。

品牌定义在创意及行销上为一项相当重要的策略要素，但这一点常常因媒体在量上的追求而被忽略。常见的分歧是，创意努力地把品牌定位在鲜明的位置上，但媒体则任意地加以稀释，所以广告所形成的结果是品牌（形象）的飘移不定。

三、沟通态势（Tone & Manner）与媒体

创意的沟通态势与语气，是指在创意上应该以何种语调去传达创意讯息，事实上，沟通态势与定义是贯通在一条线上的，一个以高科技定义的家电品牌不适宜以俏皮的方式去跟消费者沟通，一个以浪漫的爱情追求辅助工具为定义的休闲小零食，也很难以严肃的语气和消费者讲得通。

沟通态势与媒体的关系是，两者的协同配合对效果产出的加成效果，与互不搭调所可能产生的认知冲突，想象当消费者正在轻松地欣赏一部喜剧时，突然节目停止，出现一支以恐吓诉求的药品广告，就如同温柔婉约的淑女突然骂街一样令人错愕，或在残酷血腥的恐怖片中，冒出唯美的卫生巾或化妆品广告，其所带给消费者的联想是可以想象的。

可能的争议是，广告安排在"意外"的状况下出现，可能因此提高消费者注意率，但是意外负面的印象应该不是广告所希望达成的目的，而且在讯息认知上，消费者会在心理上对冲突过大的讯息，会反射性地予以排斥，因此也会造成讯息认知的障碍。

四、按钮、支持点与媒体

按钮为创意上要传达的，商品所能提供给消费者的使用利益，商品支持点为支持消费者利益点的商品利益，而商品支持点则从商品本身的功能或特性出发，为商品本身所具有的，可以支持消费者利益点的功能或特性；按钮可以解释为商品的买贴（Selling Point），在创意上所要求的单纯、清楚且独特，支持点则可以是多

点并进,重点是必须是商品真正所能提供的,否则即成为虚假广告;例如,一部小轿车的消费者利益点为"安全",支持点可能是安全气囊、防车偷锁死系统、加厚的钣金及加亮的车灯等。

按钮与支持点提供给媒体的是与创意整合的思考方向与机会,以上述安全的小轿车为例,从"安全"的角度出发,提供媒体对象阶层的思考方向是,对小轿车的安全曾相当在乎的消费者,很大的可能是事业有成(可以购买轿车),保守稳重(较不追求时髦与车速)且结婚有小孩(所以在乎安全),因为较保守稳重,所以他们的购买决定所需的时程也较长,在媒体安排上应以长时间的说服,而不应强打急攻,在媒体选择上也应选用能够清楚详细传达商品细节的媒体;而在商品支持点上,则可能因为支持点的众多且独立,因此发展成数个创意版本,每个创意版本传达一个清楚的支持点,然后以轮番方式进行各个角度的说服,且整体集中到"安全"的产品形象上。

五、创意概念与媒体

创意概念指的是创意的内容或点子;不同类别的媒体因传播特性上的差异,在承载创意概念的能力上,有不同的发挥与限制;例如,具有声音的媒体对音乐性创意概念承载能力较高,而户外媒体对复杂创意概念的承载能力则有其限制。在以并列比较方式比较商品差异的创意概念上,不能提供书面让消费者眼见为凭的媒体,其说服力将相当有限。

媒体在创意概念的思考角度是,如何以最适当的类别或载具去承载创意,以完整发挥创意对消费者的说服力。

在传统的广告作业中,创意发展一般常在媒体之前,即创意发展制作完成之后,再思考媒体做法,媒体与创意也鲜少彼此参与对方工作,造成的结果经常是,媒体人员面对已经确认的创意素材,在不了解创意的策略与内容的情况下为品牌安排媒体。

从上述创意与媒体关系中可以了解,事实上,在广告作业上,

理想的状况是互相搭调演出,即创意与媒体互为左右脚,齐心往既定的方向迈进,因此在作业程序上应该是:

- 先发展创意策略。
- 对策略形成共识,即确定创意策略,并确定创意素材及尺寸长度等。
- 创意人员发展创意作品,媒体人员发展媒体策略与执行方案。
- 做必要的修正,形成完整建议案。

第二编　媒体计划作业

在完整地了解上述计划所需资讯后,以下即进入媒体计划的作业。如前所述,媒体计划包括下列主要章节:

A. 媒体目标
B. 媒体策略
  I. 媒体对象阶层的设定
  II. 媒体投资地理性策略
  III. 媒体选择
  IV. 媒体行程设定
  V. 到达率与接触频率目标
  VI. 策略优先顺序
C. 媒体执行方案

第十章 媒体目标

媒体目标的制定为根据行销上所赋予传播的任务,而在媒体上所必须达成的目标;不同的行销目标与广告角色下,将使媒体在目标的界定上有所侧重。

1. 根据销售目标与行销策略界定生意的来源,为既有消费者、竞争品牌消费者或是新消费者,为地区扩张或是既有市场的成长。

品牌以既有消费者为主要生意来源,则媒体对象将以品牌消费者为主,传达足以让消费者对品牌维持认知与记忆的传送量(Weight)。

品牌以竞争品牌消费者为主,则媒体诉求对象除本品牌消费者之外,必须兼及竞争品牌消费者,且在传送量、行程上必须具有优势。

品牌以地区扩张为主要生意来源,则媒体应以扩大露出的地区涵盖面为设定目标。

2. 品牌在媒体竞争上所采取的态势。

以竞争为导向的行销策略,将导引媒体目标往竞争优势上设定,包括对象设定、地区露出、媒体行程,以及到达率与接触频率的制定。

3. 在传播上知名度与理解度上的建立。

品牌在传播上以知名度为主,则在媒体目标设定上偏向广泛地区的高到达率。

品牌在传播上以理解度为主,则目标偏重在有效接触率。

4. 建立品牌形象、支援铺货或促销活动。

形象建立、支援铺货或支援促销所需的行程与传送量将有所差异。

第十一章 媒体策略——目标阶层的设定

分析目标消费群的结构、加以区隔并界定媒体所要传送的族群，包括主要及次要诉求对象的界定。

消费群结构：

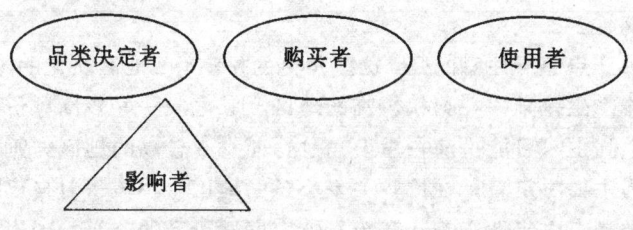

一、消费者结构分析

所谓消费者，概括性的说法通常指的是购买该项产品的购买者，事实上，在消费行为当中，消费者的定义依照所扮演的角色不同，可以细分为四种，即品类决定者、购买者、使用者以及影响者四种角色。以空调购买例子说明，品类决定者决定家里需要买一台空调机，然后开始收集资讯，他可能询问亲友或到经销点去实际接触机器，这些亲友及经销商即成为影响者，决定品牌机型后，到经销点买空调的为购买者，空调装上后，使用空调的即为使用者。

虽然消费行为涉及四种角色，但并不表示所有品类购买，都有四种人来扮演这四个角色，事实上，不同品类角色的扮演者和人数，都会随品类不同而有差异。对某些品类而言，四种角色可能是由四个人扮演，对某些品类则可能只是一二个人扮演。例如，婴儿纸尿片的决定者可以是妈妈，购买者可能是爸爸，影响者可能是婆婆，而使用者则当然是婴儿。又如，公司购买电脑时，决定者可能是上级主管，购买者可以是采购人员，使用者为一般员工，而影响者则为公司电脑人员或经销商。对可乐（罐装）而言，品牌决定者、购买者及使用者可能是同一个人，而影响者可能是他的朋友或同学。

从上述例子可以发现，不同品类的消费决定上不只参与人数不一，且各角色的重要性对各品类也不尽相同，最重要的角色并不一定是购买者或使用者。一般而言，关心度越高，参与决定的人数就越多。

另一点值得注意的是，这些角色的扮演，因地区文化的不同，也可能产生差异。在男权较高的地区，家电或一些较高单价的耐用品，男主人可能扮演较重要角色，而女权较高的地区，则以女主人为主要决定者。在比较关爱小孩的地区，小孩子对自己使用的品类具有决定性影响，甚至影响家庭性用品的购买，如影响空调或电视机的购买。

角色的扮演，在不同季节依据购买动机也会发生变化，例如，咖啡在一般期间为使用者自己购买的商品，但在年节送礼时，购买者变为送礼者，使用者则变为收礼者。同样情况，色拉油在节庆机关发放福利品时期，购买者将由主妇转为机关礼品的采购人员。

在媒体计划中，一项重要的任务是必须清楚地界定出谁扮演什么角色，并依照他们在消费行为决定上的重要性区分出主要消费群（Primary Target）及次要消费群（Secondary Target），依此去分配合理的媒体传送量。

二、品类购买风险分析

消费行为是消费者付出一定的花费，去换取希望的满足，事实上，在付出与取得之间存在着风险（risk），亦即可能希望不能被达成,特别是对从未有使用经验的品类或品牌。

消费风险一般可以分为三种:产品功能风险(Product Performance Risk),社会形象风险(Social Image Risk)及自我印象风险(Self Image Risk)。

产品功能风险:即消费者面临的从产品本身的功能能否获得满足的风险。例如,消费者在购买一部宣称省油的汽车时车子是否符合省油期望、购买安静的空调是否真正符合安静期望、购买零食是否符合好吃期望等。一般而言,产品功能风险与消费者付出的花费及期望成正比,因此,单价较高的品类,产品功能风险也会比较高。

社会形象风险:即消费者在使用购买的产品或服务时,在别人眼中形象上所冒的风险。通过品牌的使用,通常可以标示出消费者本身的品味、个性甚至经济能力。例如,使用宝马汽车的消费者给社会大众一定的形象,使用男性香水的消费者给旁人的感觉、喝百事可乐的消费者给别人的看法等。社会形象风险指的即是这种因在乎旁人对自己的观感和看法所带来的风险。

自我印象风险:即消费者在使用购买的商品或服务时,所面临的在心理上自己对自己是否满足的风险。例如,使用某一品牌洗发精让自己在心理上所获得的满足(或不满)、使用同一品种内衣、香烟等。

整体而言,上述三类风险,社会形象风险为面对大众形象上的风险,产品功能风险为面对产品本身物质功能风险,而自我印象风险则是自我在情绪及心理上的风险。

风险的评估主要从上述三项风险的角度,去评估各个品类在消费者心中风险度的高低。

举例而言:

品类	产品功能风险	社会形象风险	自我印象风险
汽车	高	高	高
冰箱	中/高	低/中	中
香水	中	高	高
维生素	中	低	中
零食	中	低	低
卫生巾	中/高	低	中/高

风险度高低的判定基本上由消费行为调研及观察得来，然而主观的判断同时也扮演重要角色，而且品类目前在各项风险评估的结果，也并不一定无法改变。例如，可乐着重强烈的品牌塑造，提高社会形象风险；维生素则强调对长期健康的重要性，提升其产品功能风险；环保包装饮料也可以借消费者环保意识抬头，提高社会形象及自我印象风险等。

风险度较高的品类，消费者关心度也较高，因此需要较长的时间去考虑是否购买以及购买的品牌，同时由于关心度较高，涉入购买行为的角色也会比较复杂。

各项风险评估的高低，将影响媒体诉求对象的设定：

产品功能风险高的品类，主要诉求对象为购买者；

社会形象功能高的品类，主要诉求对象为影响者；

自我印象风险高的品类，主要诉求对象为使用者。

以下为品类购买风险影响的例子，通过例子的解析，可以更清楚地了解品类购买风险：

1. 汽车为社会形象风险相当高的品类，因为周边的人，包括亲戚、朋友、同事等，将以拥有的车来评判一个人的地位与形象。

2. 对于超级豪华汽车而言，社会形象风险将更高，因为投入的金额将更高，而且有能力购买超级豪华车的族群，在社会地位上的顾虑将高于一般平价车的消费群。

3. 超级豪华汽车的购买者所希望的是获得同侪及周边的人认同该型汽车的高级豪华；期望的情景是当汽车出现时，能吸引周边强烈的羡慕与肯定的眼光，想要避免的情景则是周边的人因为对该型车的不了解，而无动于衷，没有反应。

4. 所以这群消费者在评估汽车时，将看重"此型汽车被公认为多么高级与珍贵"，而汽车本身的豪华与珍贵则相对不重要。

5. 在此情况下，广告的目标对象，即从购买者转移为影响者，就是能够对车主投以羡慕与肯定的眼光从而呈现车主社会地位的人。

风险评估可以帮助媒体人员把握设定对象购买心理状态，以在媒体作业中评估各角色的重要性，并作出准确的策略对应。

三、意见领袖与经销点专业人员

在某些具有较高技术，且一般消费者没有足够能力分辨产品好坏的品类，如股票、电脑、汽车、成药甚至家电用品等，意见领袖扮演对消费者的购买具有主导性影响的角色。意见领袖包括周边人群中对该品类优劣具有分辨能力的亲戚朋友或经销店的专业人员。以股票市场为例，由于股票市场中的消费者（股民）大多为非专业的兼职性质，对各股优劣及获利能力无从分辨，但在获利欲望的驱使下，总是希望能得到一些指引或消息，因此在股票市场营业时间过后，常常可以发现一群群的股友围在一起讨论战果与预估趋势，当中具有权威并且消息灵通的少数主导人士即为股市的意见领袖，这些意见领袖对股民的股票买卖决策将扮演主导作用的角色。

在汽车、电脑、成药等品类，常见的意见领袖为经销点的专业人员，这些专业人员凭对商品的知识，常常可以左右消费者购买哪一品牌。

由于意见领袖在某些品类上，对消费者的品牌选择具有决定性的影响，因此在全盘考虑消费者的购买决定行程时，也必须将上述意见领袖列入诉求范围，特别是在消费者对商品的形象及信赖尚未建立的商品新上市期间。

四、重级消费者、中级消费者与轻级消费者

消费者依购买产品是个人使用还是供他人使用可以分为使用者和非使用者。

使用者依使用量和购买量又可分为：

1. 重级使用者；
2. 中级使用者；
3. 轻级使用者。

消费者从重级、中级、轻级，到新消费者，在媒体投资效益上呈递减趋势。重级消费者为最具投资效益的族群，媒体针对消费量较大的消费群诉求，所获得的投资效益将比消费量较小的消费群为高，即同样重量的矿石，含金量较高的矿石当然比含金量低的矿石能提炼出更多的黄金。相对而言，新消费者为含金量较小的族群且提炼困难度较高，所需要的成本也相对较高。

媒体根据不同的行销需求，在策略上必须制定所要针对的对象阶层，是所有消费者、重级消费者、中级消费者、轻级消费者还是新消费者。

· 从投资成本效益考虑，媒体应首先将资源集中于重级消费者，即含金量较高的族群。

· 基于行销上的扩张需要，品牌可能必须将对象阶层扩及中级消费者，甚至轻级消费者，而以所有既有消费者为诉求对象。

· 在品牌强力扩张的行销策略下，媒体除了针对既有消费者外，同时也将把具开发潜力的新使用者列入诉求范围。

媒体计划中，一项重要的任务是必须清楚地界定出谁扮演什么角色，并依照他们在消费决定上的重要性区分出主要消费群（Primary Target）及次要消费群（Secondary Target），并据此分配合理的媒体传送量。

在对象阶层确定后，接下来的步骤即是根据不同的变项找出所定义的消费者（Where are they?）。

消费群结构可以从统计变项、心理层面、生活形态三个角度去加以分析及确定。

五、消费者的统计变项

对消费者的统计变项分析指的是从年龄、性别、职业、收入和教育等可以具体量化的变项去了解消费者的组成及特性。

消费群组成统计变项

		人口比率(%)	整体品类 使用比率(%)	指数	A品牌 使用比率(%)	指数	B品牌 使用比率(%)	指数
性别	男	52	55	105	76	138	56	102
	女	48	45	94	24	53	44	98
年龄	18—24	23	14	61	20	143	20	143
	25—34	37	27	74	52	193	29	107
	35—44	23	37	158	24	65	33	89
	45—54	17	22	130	4	18	18	82
教育程度	大专以上	37	26	71	28	108	33	127
	高中程度	29	47	163	48	102	44	94
	初中程度	25	23	92	20	87	20	87
	小学及以下	10	4	42	4	100	3	75
婚姻状况	单身	31	22	72	36	164	27	123
	已婚	69	78	112	64	82	73	94
职业	专业主管	24	31	129	44	142	31	100
	一般职员	34	36	106	40	111	29	81
	蓝领	32	18	56	8	44	20	111
	无业	20	15	75	8	53	20	133
家庭收入	1000元以下	18	13	71	4	31	4	31
	1000—1999元	48	47	98	36	77	47	100
	2000元以上	32	38	119	56	147	47	124
	未答	2	2	95	4	200	2	100

续表

		人口比率(%)	整体品类		A品牌		B品牌	
			使用比率(%)	指数	使用比率(%)	指数	使用比率(%)	指数
个人收入	无	14	10	70	8	80	11	110
	500元以下	20	14	70	8	57	9	64
	500—999元	43	39	91	27	69	35	90
	1000—1999元	18	30	167	41	137	38	127
	2000元以上	3	5	175	12	240	4	80
	未答	2	2	120	4	200	3	150

说明：1. 上表有些指数的数值与实际运算不符，是因为受未显示的小数点影响。
2. 比率的运算，必须特别注意各区隔的总和应为100，即在性别区隔上的男女比率、在年龄区隔上的各年龄层以及教育程度上的各教育水平等，其总和都必须为100，如此才能使各区隔的比率在封闭的定义下，运算出准确的指数。

六、目标阶层统计变项分析

根据上面表格，各栏显示的意义为：

1. 人口比率为整体人口在区隔下的分布状况，对行销及媒体的意义为销售潜力空间，即针对该区隔最高可能获致的消费者比率。媒体目标对象定义在较大区隔，可以面对较大的空间，反之，将目标对象定义在过于狭小的区隔，即使在该区隔获得极高占有率，相对于整体市场，也将只是微不足道的比率。

2. 整体品类使用比率，代表各区隔的品类使用状况，在各区隔使用平均的状况下，各区隔的使用比率与人口分布比率应该大约相当，即指数大约在100。

3. 整体品类指数相当于各区隔的CDI，即品类在该区隔的发展的相对值（与前述CDI不同的是，前者是以地区为区隔加以分析，而在对象阶层分析中则以对象区隔加以分析）。

(1) 指数高于100，表示品类在该区隔的使用高于平均值；

(2) 指数相当于100，表示品类在该区隔的使用大约等于平均值；

(3) 指数低于 100，则表示品类在该区隔的使用低于平均值。

指数的高、低或相当的认定，在作业上，通常以 5 为单位的大约数认定，即 95 到 105 之间认定为相当，低于 95 可以解释为低，高于 105 称之为高，而在 5 之内的差距则被认为不显著。

4. 品牌使用比率为品牌在各区隔的使用比率，与整体品类使用比率意义相同。

5. 品牌使用指数，相当于品牌在各区隔的 BDI，不同于地区 BDI 的是，品牌指数是以整体品类使用比率为比较基准，目的是与整体品类作更精准的比较，对比较结果的解释与前述品类指数解释相同。

6. 假设 B 品牌为主要竞争品牌，则 B 品牌的使用比率及指数，代表竞争品牌在各区隔的使用比率，以及相对于品类与品牌在各区隔的强势与弱势。

根据上表的分析，可以清楚地了解品类、品牌及竞争品牌在各统计变项区隔的使用状况，亦即掌握消费者的轮廓与结构。

七、根据统计变项设定目标对象

对消费者进行统计变项分析的意义在于将品类、本品牌以及竞争品牌的整体使用者以统计变项分解成为较详细的区隔，通过各区隔的指数，清楚地了解品牌与品类在各区隔的强势与弱势。在了解品类以及敌我形势之后，接下来的任务是决定媒体诉求所要针对的目标区隔，即对设定目标对象进行统计层面的描述。

在诉求对象的设定上，仍必须以行销企图为依归：

1. 维持型行销态势。主要以固守品牌既有消费者为主，因此媒体诉求的重点为本身品牌具有优势的区隔，亦即指数高于 100 的区隔。上述例子中，对 A 品牌而言，主要的强势区隔为：

性别：男性

年龄：18 到 34 岁之间

教育程度：大专以上

婚姻状况：单身

职业：专业主管或一般职员

家庭收入：月收入 2000 元以上

个人收入：月收入 1000 元以上

　　品牌在维持型行销态势下，媒体诉求目标对象即依照前面的描述设定，媒体以此群体为传送目标，使品牌的媒体投资可以集中在本品牌具有优势的群体上，所得到的结果即为品牌在此群体地位的巩固。

　　2. 扩张型行销态势。主要以侵蚀竞争品牌使用者或扩张品类使用者为主，因此根据统计变项设定的目标对象将以品类使用者、竞争品牌使用者及具取代性的其他品类的使用者为主。

　　(1) 竞争品牌使用者：扩张型行销的品牌，在策略上是以直接吸引竞争品牌的消费者为主，因此媒体目标阶层的设定，首先是通过对竞争品牌在各区隔的指数分析，找出竞争品牌的消费群的重心所在，然后针对此重心消费群投入优势广告量，以促使竞争品牌消费者产生品牌选择上的转移。以上述例子而言，假设 B 品牌为主要竞争品牌，则在扩张的策略下，本品牌所设定的目标诉求对象应为：

性别：不分性别

年龄：18 至 24 岁之间

教育程度：大专以上

婚姻状况：单身

职业：蓝领或无固定职业

家庭收入：月收入在 2000 元以上

个人收入：月收入在 1000 到 1999 元之间

　　(2) 品类使用者：品类使用指数高于 100 的区隔所代表的意义为该区隔的消费者对此项商品的接受程度较高，即商品在该区隔的销售潜力较大，品牌的扩张除了针对竞争品牌的重心消费群之外，还应将目标对准品类的重心消费者。以上述例子，品类的重心消费者应描述为：

性别：不分性别

年龄：35到54岁之间

教育程度：高中

婚姻状况：已婚

职业：专业主管或一般职员

家庭收入：月收入在2000元以上

个人收入：月收入在1000至1999元之间

（3）具取代性的其他品类的使用者：当品牌处于下列市场状况时，可能必须往其他品类扩张：

①品牌在品类里已经拥有相当高占有率，再投资所能提高的占有率相当有限，且将不符合投资效益的要求。

②成长期商品，因消费者基础较小，必须争取相关品类的消费者以增加获利基础。

③整体品类呈现饱和或衰退趋势且竞争剧烈导致利润流失。

品牌往其他品类扩张，媒体对象设定的操作方式与前述的品类扩张及竞争性扩张的状况相当类似，即先辨认出具有取代性的相关品类，例如，威士忌往白兰地品类扩张，VCD放映机往录影带放映机扩张等，然后再根据欲取代品类的区隔指数设定媒体传送的目标消费群。

八、根据统计变项确定目标对象的优先顺序

品牌媒体目标对象设定策略的主要内容，是根据不同的行销态势，制定各区隔在媒体投资上的优先顺序。在作业上可以将各区隔的品类、品牌及竞争品牌指数并列，分析不同指数组合在行销上的意义，然后根据品牌所拥有的媒体资源依行销投资的优先顺序投入媒体预算。因品类、品牌及竞争品牌在各区隔不同的强势与弱势，消费者对品类、品牌、竞争品牌的消费可能形成下列

几种组合（"＋"代表指数高于100，"－"代表指数低于100）：

	品类指数	品牌指数	竞争品牌(B)指数	说　明
A	＋	＋	＋	该群消费者在品类、品牌及竞争品牌的使用上皆高于均值。
B	＋	＋	－	该群消费者在品类及品牌使用上高于均值，在竞争品牌使用上则低于均值。
C	＋	－	＋	该群消费者在品类、竞争品牌使用上皆高于均值，但在品牌使用上则低于均值。
D	＋	－	－	该群消费者在品类使用上高于均值，但在品牌及竞争品牌的使用上则低于均值（可以推测必然有其他竞争品牌在该群消费者的使用指数高于100）。
E	－	＋	＋	该群消费者在品类使用上低于均值，但在品牌及竞争品牌使用上则高于均值（同样可以推测必然有其他竞争品牌为该群消费者使用的指数低于100）。
F	－	＋	－	该群消费者在品类及竞争品牌的使用上皆低于均值，但在品牌使用上高于均值。
G	－	－	＋	该群消费者在品类及品牌使用上皆低于均值，但在竞争品牌使用上高于均值。
H	－	－	－	该群消费者在品类、品牌及竞争品牌使用上皆低于均值。

根据以上各种组合在行销上的意义，媒体对不同区隔的合理的投资优先顺序应为上表的 ABCDEFGH，即：

A. 品类在这一区隔具有潜力，品牌及竞争品牌在此区隔占有强势，此区隔通常为品类的核心消费群，因此为品牌的必争之地。

B. 为品牌占有强势且具销售潜力的区隔，且竞争品牌较难取代，品牌应该利用既有优势，固守该区隔。

C. 为品类具有潜力的区隔，但竞争品牌在该区隔拥有优势，品牌在积极行销态势下应首先进攻该区隔。

D. 可能是其他品牌在该区隔具有优势，因该区隔的销售潜力较大，品牌投资将具有销售意义。

E. 品类在该区隔较不具销售潜力，但品牌及竞争品牌拥有优势，投资的意义是取得在该区隔竞争上的优势。

F. 虽然品类销售较弱，但品牌具有优势，在判断区隔具有开发前景的情况下，可以利用现有优势投入资源，耕耘成"B"状况。

G. 基于竞争及区隔具开发前景的前提，可以考虑投入资源。

H. 最后考虑的区隔。

在统计变项上的目标消费者描述，经过辨认及定义后，将提供清楚的媒体传送目标。媒体作业中应以此描述为准评估媒体类别与载具的对象接触率，作为媒体选择的根据。

九、目标对象心理变项分析

在统计层面上，消费者被以数字的方式加以定义。然而单纯的统计层面描述和确定，不但难以完整地描述消费族群，也将使对消费族群的描述欠缺实质的生命，因为具有相同统计变项的消费者群中将包括各式各样不同心理层面的消费者，特别是前述品类自我形象风险及社会形象风险较高品类的商品，如香烟或汽车等。举冲泡式与研磨式咖啡为例，二者产品本身的差异是：

· 冲泡式咖啡所提供的好处是方便，但是消费者在口味上则

要稍作牺牲;

· 研磨式咖啡所提供的是较佳的口味,但在使用上则稍为麻烦。

两群消费者在年龄、教育、职业、收入等统计变项上所呈现的特性并没有显著的差异,即两者在统计层面上是同一群消费者;因此可以判断,应该不是统计变项因素而是对生活的态度在驱动消费者在效率和品味之间作出选择。相同的情形,在旅游与保险之间、在吃与穿之间甚至爱情与面包之间,消费者也将因价值观及生活态度的差异,而作出不同的取舍与选择。

下面表格的比对可以显示统计变项在概括性上的失误:

消费者	消费者 A	消费者 B
统计变项描述	男性 年龄在 25—34 岁之间 年收入 24000 元以上	男性 年龄在 25—34 岁之间 年收入 24000 元以上
心理层面描述	·外向; ·在行为模式上,扮演意见领袖角色,对周边的事物,多有自己意见; ·具独立看法,很少觉得应该顺应别人的看法; ·高度投入所从事工作,对周边发生事件表示较大兴趣,认为生活是为了工作; ·经常因业务旅行,且因为忙碌,所以休闲时间较少,且以个人化的都市型休闲形态为主。	·内向; ·在行为模式上较退缩,宁愿作为一个追随者,而不喜为领导者; ·寻求同侪的认同,行事根据一般的价值标准; ·准时上下班,认为工作是为了生活; ·以家庭为中心的生活方式,休闲时间较多,且以家庭性的休闲活动为主。

从上表的比对,可以清楚了解,在相同统计层面描述下的消

费群，事实上，在心理层面上，可能是差异相当大的消费者。

消费群因价值观及兴趣取向的差异，对媒体的接触选择也将出现相当大的差异，特别是所选择和接触的媒体的质上的差异。此现象与前述冲泡咖啡及研磨咖啡的例子类似，即两个编辑内容取向及格调截然不同的媒体载具，在统计层面上拥有相似的收视组合及对象收视率，但在心理层面上，其收视群却可能是完全不同的族群（这种差异在量化的收视率上是无法显示的）。

消费者心理层面分析的意义是，消费者在价值判断与喜好的评估下作出品牌的选择，此种据以选择的心理区隔线即为对象阶层的心理层面界定。对心理层面的把握，可以作为媒体选择的基础，应根据不同心理层面的消费者在生活形态上的差异，制定媒体行程策略及媒体比重。

品牌目标对象在心理变项上的制定主要是根据消费者的价值观、生活态度及个人兴趣构成。

消费者社会心理层面

心理层面	生活形态
消费者因不同的性格特征、价值观、对生活的态度、兴趣取向、对事物的意见与看法等，形成心理层面区隔，如积极、独立、寻求成就、追求意见领袖地位、寻求认同等。媒体对象阶层的心理层面区隔分析将提供对象阶层制定在质上的意义，即为统计变项分析中数字化的消费者加入个性及生命，使之变成活生生的消费者，然后才能真正地从消费者的生活出发，将消费者加以区隔及定义，以作为媒体类别及载具选择、行程与比重制定的依据。	在特定文化与社会环境下，消费族群因不同的心理层面，生活形态与行为模式上也呈现自觉或不自觉的差异。产品的使用是消费者日常生活的一部分。心理层面与社会文化结合，也产生了消费者在作息习惯、如何使用休闲时间、休闲方式、娱乐方式、社会活动的参与等方面的差异。生活形态的分析为媒体提供寻找希望接触的消费群的路径，以及确定应该以什么媒体在什么时机去接触他们的依据。

和统计层面相比，媒体对象阶层的心理层面设定，不但较为抽象，在操作上的困难度也较高，同时质上的心理层面调查在执行上较为困难，且在量化成可以计算的资讯方面也是一大挑战，这些困难导致市场上消费群心理层面分析资料的缺乏，在媒体接触方面，也是偏向量化的接触调查，而缺乏质上的资讯。因此，媒体操作中，在没有资讯的情况下，只能依靠其他渠道寻找消费者的心理特征，如借由焦点座谈会（Focus Group）对消费者的观察，或根据消费者在某些具象征性行为加以了解。具象征性的行为包括使用香烟的牌子、旅游地点与频率、是否常去酒吧、喜欢的刊物等。在毫无资讯的情况下，甚至必须依据产品的基本特性对所能吸引的消费族群心理特性加以判断。

消费者的价值观与人格特性与当地社会及文化息息相关，因此，在心理层面上对消费者进行分类，也必须根据不同区域的人文特征进行。

以下所提供的为台湾地区在早期所做的生活形态调查中的主要分类，可以作为媒体人员在消费者心理层面分析上的归类参考：

1. 积极追求成就，努力工作，相信生活一定可以靠奋斗获得改善；

2. 批判而不满足，对事物有一定的看法，且经常表现出对现象的批评，喜欢尝试新事物；

3. 传统家庭分子，以家庭为生活中心，过朝九晚五规律的日子；

4. 杞人忧天，悲观而闷闷不乐，挑剔且对事情多抱负面看法；

5. 现实主义，以理性的利害衡量一切事物，冷静而实际；

6. 宿命无为，相信一切命中注定，对事情抱无所谓、没意见的态度。

以下为美国 Simmons Market Research Bureau 在 1971 年提出的 14 种分类，但因社会文化背景的差异，在运用上可能有一定

距离:

1. 活跃而精力充沛, 行动导向;
2. 谦恭而合作, 有礼貌且追求和谐;
3. 自我控制, 冷静且情绪平稳;
4. 冒险取向, 愿意冒风险尝试新事物;
5. 乐观外向, 心情愉悦, 经常往外跑;
6. 实际, 现实取向, 且有条不紊;
7. 平缓稳定, 不会闷闷不乐或苦恼怨叹;
8. 影响支配, 擅长于说服别人接受其看法;
9. 仁慈体贴, 具有同情心且为别人考虑周到;
10. 客观合理, 不会霸道、顽固或压制别人;
11. 追根究底, 凡事追求理性解答, 喜欢探询别人看法;
12. 自信, 相信自己的判断, 对自己很有把握;
13. 直觉反应, 经常在瞬间形成看法且作出决定;
14. 公平分享, 不自私自利或完全以自我为中心。

品牌在消费者心目中的形象是商品的基本形态, 如类型、式样、口味、包装、产地等, 加上使用经验(包括自己及旁人)以及广告所塑造的形象、承载广告的载具的编辑环境及广告环境等, 综合带给消费者对品牌整体的观感。

在品牌形成的过程中, 产品本身的功能及特性就如一个人的先天身材的高矮胖瘦, 产品的商品化过程, 就是为产品加上造型装扮使之成为品牌, 而消费者也根据自己的心理层面需求选择在造型与装扮(形象)上适合自己的品牌。这样就形成品牌定位策略与媒体诉求对象的心理层面相关联的点, 即根据品牌定位, 选择具销售潜力的消费群, 并在质上选择适切的媒体。

从商品本身的基本条件到广告诉求, 必须在一个清楚确认的策略方向下操作。在创意与媒体的方向协调上, 最重要的一点是, 媒体所界定或判断的消费群心理特性与创意上的消费者心理描述必须是一致的，否则就会各自为政，造成的结果将是把创意传送到在心理层面上不相干或不利的消费群（例如把以提高效益、节省时间为诉求的创意，传送到"宿命无为"或"传统家庭分子"的心理阶层），不但将因创意诉求打动不了该消费群而造成资源浪费，也将无法使商品透过广告的努力凝聚成品牌。

商品有时因购买决定角色的复杂，广告必须同时对不同的阶层诉求，例如某些高消费家庭性商品经常出现的夫妻共同决定的现象，广告就必须同时说服丈夫与妻子。

当消费行为由多重角色扮演时，可以运用下列两种方式设定媒体对象：

1. 根据购买决定角色扮演的重要性，确定诉求的优先顺序，即主要诉求对象和次要诉求对象；在预算的分配上，应以主要诉求对象为优先考虑，在安排足够的预算后，再考虑次要对象的涵盖。

2. 以加权方式分配媒体传送。根据不同角色在购买决定上的重要性，制定主要对象及次要对象的权值，再根据权值运算媒体载具的加权指数，评估及选择载具。到达率及接触频率，也是以不同对象阶层的权值评估。例如下表所列举的，不同品类在不同地区的购买角色的重要性。

购买影响

单位:%

	美 国		法 国	
	丈夫	妻子	丈夫	妻子
咖啡	41	59	20	80
刮胡水	82	18	64	36
维他命	36	64	—	—
汽车	67	33	71	29

1. 咖啡品类的购买主要由妻子决定，在法国，妻子的决定影响高于美

国；
2. 男用刮胡水的购买主要由丈夫决定,但在浪漫的法国,男用刮胡水的妻子决定比重比美国高；
3. 汽车购买主要由丈夫决定,但因汽车为美国家庭的主要交通工具,因此在美国,妻子的决定比重高于法国。

结论与提示：

1. 了解消费者结构及购买角色扮演；
2. 分析品类在产品功能、社会形象及自我印象上的风险,并界定媒体诉求的重点对象；
3. 以消费量区别将消费群划分为重级、中级和轻级消费群及新消费者,确定他们所占的消费比率；
4. 依行销需求制定媒体诉求的消费群类型；
5. 通过统计变项解析品类、本品牌以及竞争品牌(重级、中级及轻级)的消费群区隔,确认各类消费群在统计变项上的特性(Profiles)；
6. 根据行销态势制定目标消费区隔的优先顺序；
7. 配合产品特质、品牌形象以及创意方向,寻找适切的心理层面区隔及生活形态描述；
8. 必要时以加权方式制定多重消费群对购买影响的比重,并确定多重消费群在目标对象中的优先顺序；
9. 形成媒体诉求对象完整的量及质上的描述,并根据需求制定各区隔的投资优先顺序。

第十二章 媒体投资的地理性策略

第一节 各市场获利能力评估

媒体投资的地理性策略为相当投资导向的策略项目，主要内容是媒体在投资地区上的选定以及各地区的预算分配。从单纯的投资利润的角度看，市场的选择，基本上是取决于市场的获利能力，媒体的地理性选择也是从投资角度去评估市场的获利能力，然后加以分级，并制定各市场的优先顺序与投资比率。

地理性策略的制定主要包括下列 3 项作业内容：
1. 各市场获得能力的评估；
2. 决定投资市场及投资优先顺序；
3. 各市场预算分配比例。

评估市场获利能力的主要因素有下列几项：
1. CDI 与 BDI；
2. 品牌铺货状况及进展；
3. 对象阶层人口数量；
4. 经济发展状况；
5. 销售成长趋势；
6. 品牌市场占有率与获利经验；
7. 品牌过去所累积的资产；
8. 市场对传播的反应；
9. 媒体投资效率；

10. 竞争状况。

一、CDI 与 BDI

如前所述，CDI（Category Development Index，品类发展指数）与 BDI（Brand Development Index，品牌发展指数）为品类及品牌在市场上的发展状况的测定指标。CDI 可以解释为该市场的先天环境，而 BDI 则是品牌后天努力结果，各市场根据 CDI 与 BDI 高低的组合，可以区分为下列 4 种状况：

1. 高 CDI、高 BDI 的市场。该市场品类及品牌发展皆高于平均值，为最具销售潜力的市场。这类市场称为"金牛"，意指品牌在这类市场将具有充分的获利空间。在实际的案例中，高 CDI、高 BDI 市场也通常是品牌获利来源，且常常成为支持其他市场开发的根据地。

2. 高 CDI、低 BDI 的市场。该市场品类发展高于平均值，但品牌的发展则低于平均值。高 CDI 显示品类在该市场发展良好，低 BDI 则显示品牌在该市场的发展有所不足。开发的展望是品类在该市场拥有高于平均值的发展，表示该市场消费者对品类的接受度较高，因此，理论上，品牌在该市场也应该可以通过努力而具有同样的发展指数。值得注意的是，进行市场开发必须先仔细检讨 BDI 低落的原因，评估改善可能性，并通过行销中各要素的配合进行开发，单纯以加强媒体投资的方式进行，所获得的改善可能相当有限。当然，如果评估结果显示的 BDI 低落的原因是单纯的传播投资不足，则又另当别论。

这类市场称为"问题少年"，意指品牌生长在先天条件良好的环境，但却未能利用该优势创造出优秀成绩。

3. 低 CDI、高 BDI 的市场。该市场品类发展低于平均值，但品牌的发展高于平均值，所显示的意义是，品牌处在低开发市场但拥有较为杰出的表现。

在评估低 CDI 市场的开发潜力时，必须先检视造成 CDI 低落的可能原因。一种可能是该市场的品类生命周期处于导入期或成长期，消费者对新品类感到陌生，使用习惯尚未建立，因此造成CDI的低落。在此状况下，品牌应持续耕耘，当品类进入成熟期后，品牌将可以享有优势的市场占有率。此类市场可称为"明日之星"，意指品牌先天环境不好，但表现优异，假以时日，环境好转，当能创造出一番局面。

另外一种可能是该市场的品类生命周期已经处于衰退期，消费者对该品类的使用逐渐为其他替代品所取代，因此造成CDI的低落。此类市场已属明日黄花，投资的意义将只是短期的维持以避免销售的急速滑落，长期而言将不具投资价值。

4. 低CDI、低BDI的市场。该市场品类及品牌发展皆低于平均值，在CDI与BDI高低的4种组合当中，为最不具开发价值的市场。

对于品类处于导入期或成长期的市场，在低CDI与BDI的情况下，投资所需的力度将比前三种市场高；品类已经走入衰退期而造成CDI、BDI低落的市场，则将不具开发价值。此类市场称为"阿斗"，意指生于乱世，又后天不足，难以扶持。

CDI与BDI的加权：CDI与BDI的高（于100）或低（于100）显示出品牌在各类市场的投资机会。

在上述的评估中，基本上是将CDI与BDI视为等值的两个因素，即CDI与BDI各占50%的重要性。事实上，从品牌行销态势角度分析，CDI与BDI的重要性将因不同的行销态势而有不同的权值：

1. 品牌在积极的行销态势下，所追求的将是市场扩张，在此情况下，CDI的重要性将高于BDI，以判断各市场的开发潜力，即品类发展较具优势的市场，比品牌发展较具优势的市场，显示出更高的投资价值。

第十二章 媒体投资的地理性策略

2. 品牌在防守的行销态势下,所追求的将是固守既有市场,因此 BDI 的重要性将高于 CDI,即固守品牌较占优势的市场,对于品类较占优势的市场则相对较予忽略。

根据品牌所采取的行销态势倾向于积极或防守的程度,可以运用加权方式赋予 CDI 和 BDI 不同的权值,再根据权值运算出各市场投资顺序。

不同行销态势的 CDI 与 BDI 加权。

积极行销态势——CDI 权值为 70,BDI 权值为 30。

地区	CDI	权值(%)	BDI	权值(%)	加权指数
A	141	70	138	30	140
B	127	70	73	30	111
C	81	70	127	30	95
D	79	70	77	30	78
E	102	70	99	30	101
总计	100	70	100	30	100

防守行销态势——CDI 权值为 30,BDI 权值为 70。

地区	CDI	权值(%)	BDI	权值(%)	加权指数
A	141	30	138	70	139
B	127	30	73	70	89
C	81	30	127	70	113
D	79	30	77	70	78
E	102	30	99	70	100
总计	100	30	100	70	100

1. 权值根据行销态势设定。对极端扩张的品牌,可以将 CDI 设定为 90,甚至 100(BDI 则相对的为 10 或 0),即代表忽略品牌既有状况,而完全以品类发展为根据设定品牌投资的市场,权值设定所代表的意义是较不顾自身状况,而较专注于外在市场发展。

采取此种加权指数的品牌，通常为新品牌，缺乏完整稳定的 BDI 可供参考，或是品牌采取全面扩张的行销态势。在此情况下，品牌必须拥有足够的资源支持扩张所需，否则将造成各市场投资不足，特别是高 CDI 的市场，因品类销售较高，通常也是各竞争品牌媒体投资较大的市场。

2. 对于极端防守的品牌，可将 CDI 权植设定在极小的范围，如 10 或 20（BDI 将为 80 或 90）。相对于扩张型的权值设定，防守型较专注于自身状况，而较忽略外在世界。

3. 大部分品牌的 CDI 和 BDI 权值，通常以偏向方式设定，即偏向对内或向外，指数设定也大约在 30：70 到 70：30 的范围。

二、品牌铺货状况及进展

媒体投资的终极目的是促成消费者对品牌的购买，因此媒体的地理性投资分布，最基本的考虑是品牌在该市场的取得性（Availability），即在铺货较完整的市场，媒体投资所造成的消费者购买欲望反应，将可以顺利地变成销售，而不至于因取得性的阻碍而断送销售机会。

行销动作上的铺货与媒体分布，理论上应该根据各市场的销售机会进行分配，如下表：

状况 A

市场	市场机会	铺货（1）	媒体分布	回馈
A	30	30	30	27.0
B	25	25	25	15.6
C	20	20	20	8.0
D	15	15	15	3.4
E	10	10	10	1.0
			合计	55.0

状况 B

市场	市场机会	铺货（2）	媒体分布	回馈
A	30	25	25	18.8
B	25	10	10	2.5
C	20	30	30	18.0
D	15	20	20	6.0
E	10	15	15	2.3
			合计	47.5

状况 C

市场	市场机会	铺货（3）	媒体分布	回馈
A	30	25	30	22.5
B	25	10	25	6.3
C	20	30	20	12.0
D	15	20	15	4.5
E	10	15	10	1.5
			合计	46.8

状况 A：铺货分布符合市场机会，且与媒体分布相符合，所产出的回馈最大。

状况 B：铺货与市场机会偏离，而媒体投资符合铺货分布。

状况 C：铺货与市场机会偏离，而媒体投资符合市场机会。

通过上述 3 种状况的比较，最理想的当然为状况 A，即铺货根据市场机会，然后媒体投资以铺货分布为依据。但当铺货与市场机会偏离时，则出现媒体分布是根据市场机会还是根据铺货分布的问题，在此情况下的媒体投资分布，可以根据上表，分别以符合市场机会及铺货状况的方式加以计算，然后比较两者的产出，选出产出值较大的方案。

铺货与媒体投资的合理关系是：市场的铺货因素为媒体投资的前提，而非必然因素，即市场必须具有完整的铺货才具备媒体投资的条件，但具备完整铺货的市场则不一定必须投资媒体。两者差异的原因在于行销的主动程度：

1. 以市场机会为依据的做法为较积极的向外旋转做法（Outward），可以主动掌握市场机会。但是，当品牌的铺货分布严重偏离市场机会时，可能造成媒体投资效益的低落（当铺货严重偏离市场机会时，也显示行销在铺货上的失误）。

2. 以铺货状况为依据的为较被动的向内旋转做法（Inward），可以避免媒体投资的浪费，但相对放弃市场机会，长期将限制品牌的成长。

铺货虽然在一般状况下为媒体投资的前提，但是媒体露出所造成的消费者需求，对经销点的进货意愿将具有提升作用，因此，媒体投资的另一层意义为促进铺货率。特别是在商品新上市、铺货网路尚未完整建立的阶段，媒体投资的另一层目的即为支援铺货。

三、对象阶层人口数量

各市场的对象阶层数量涉及该市场规模的大小，亦即该市场潜力的极大值，因此在进行媒体投资的地区性选择时，必须将对象阶层的人口数列为重要因素考虑，特别是对于一般日常家庭用品，各市场的消费（量）比率将大约相当于其所占有的人口比率。

四、经济发展状况

对于较高单价的品类，消费者必须拥有一定的收入，才能产生购买意愿及拥有购买能力，因此各市场的收入状况的重要性将比人口所占比率的重要性高，且商品单价越高，其重要性越高。

五、销售成长趋势

品牌成长趋势对媒体投资地理性策略的考虑包括两项内容：

1. 各市场在既有销售基础上，呈现的成长或衰退趋势、所显示的机会或威胁。对于成长快速的市场，品牌应积极投入，以把握市场成长的契机；而对正在衰退的市场，则应保守审慎地评估。

市场的销售成长与前项经济发展状况有密切的关系，从经济的成长趋势也可以预估市场高成长期的来临，如家庭年收入超过800美元即代表家电高成长期的到来，超过10000美元即代表小汽车时代的来临。

2. 除品类在各市场的成长因素外，品牌在各市场所设定的成长目标，也将影响各市场媒体投资的制定。对于在行销上被设定为高成长的市场，媒体应该配合行销，安排较积极的投资；对于维持既有状况的市场，则应配合以保守的媒体投资。

六、品牌占有率及获利经验

CDI 与 BDI，是以整体品类（CDI）或品牌（BDI）为封闭范围计算各市场指数，所得出的指数为在品类内或品牌内相对的"比较值"，而非跨品类或跨品牌的比较，因此在 CDI 与 BDI 指数的运算当中，可能出现不同品类或不同品牌销售量大小悬殊但指数相同的情况。例如：

CDI：

地区	人口（千人）	比率（%）	洗发精销售（千）	比率（%）	洗发精CDI	沐浴精销售（千）	比率（%）	沐浴精CDI
A	3000	18	3600	26	141	240	26	141
B	2500	15	2700	19	127	180	19	127
C	3500	21	2400	17	81	160	17	81
D	6000	36	4000	29	79	267	29	79
E	1500	9	1300	9	102	87	9	102
总计	16500	100	14,000	100	100	933	100	100

BDI：

地区	人口 (千人)	比率 %	X品牌销售 (千)	比率 %	X品牌 BDI	Y品牌销售 (千)	比率 %	Y品牌 BDI
A	3000	18	1250	25	138	83	25	138
B	2500	15	550	11	73	37	11	73
C	3500	21	1350	27	127	90	27	127
D	6000	36	1400	28	77	93	28	77
E	1500	9	450	9	99	30	9	99
总计	16500	100	5000	100	100	333	100	100

上表中洗发精品类与沐浴精品类在销售上差距相当悬殊，但在各地区CDI指数相同。同样情形，X品牌与Y品牌在各地区的BDI相同，但在销售上则差距相当大。因此，除了运用CDI与BDI指数对各市场进行检视外，品牌在既有市场的占有率也将影响媒体投入。理论上，高占有率的市场应投入较多资源，而低占有率的市场，则投入较少资源。但应同时考虑：

1. 在高占有率市场，当占有率接近极限时，过于积极的投资所获致的占有率提升将相当有限，反而将因过度投资导致利润的下降。

2. 对于低占有率市场，在高CDI的情况下，可以考虑市场开发的机会。

七、品牌传播所累积的资产

品牌在各市场所累积的传播资产为市场发展的基础。品牌的传播资产包括：

1. 品牌知名度；
2. 品牌形象。

品牌知名度高、形象良好，则在传播资产方面具有优势，将有利于市场的发展；反之，品牌所累积的资产，也可能是负资产，如品牌因历史原因在该地区背负不良形象，负的传播资产将成为品牌在该市场发展的障碍。

八、市场对传播的反应

市场特性、消费习惯的差异或销售结构的不同，将导致各市场传播对销售产出的不一致，即有些市场对于媒体露出效果反应较明显，有些市场则较弱。例如，在以集团消费为主的市场，品牌购买决定由集团采购或领导决定，因此广告对销售的影响力将较限于知名度及偏好度的建立，而真正对销售产出的影响则较弱。

广告投资对知名度或销售的产出可以通过下列计算加以评估：

1. GRP/知名度（提示或未提示）：计算出每百分点知名度所需花费的GRP。

2. GRP/销售量：计算出GRP的投资对销售量产出的比率。

在跨市场的比较上，分子单位可以采用百分比为单位，但不宜使用投资金额，如此可以避免各市场对象人口及媒体价格的差异所造成的误差。

九、媒体投资效率

媒体投资效率指的是由各市场媒体价格及接触习惯所影响的CPM高低。对千人成本较低的市场，媒体投资的经济效率较高，因此利于品牌的投资；反之，千人成本较高的市场则经济效率较低，而不利于品牌的进入。

因每收视点在对象人口大小不同的市场所代表的人口数不一，所以，效率的评估必须以绝对人数的千人成本计算，而不宜以相对人数的收视点成本计算，以免小市场因收视高而误导评估。

十、竞争状况

竞争影响品牌利润的产出，各市场的竞争对品牌投资产出的影响为：

1. 市场品牌数量的多寡，将影响消费者选择品牌的机会。

2. 竞争品牌媒体投资量，将形成竞争干扰，而影响消费者对广告的认知与记忆。

3. 竞争品牌的众多,将影响品牌价格及销售利润,在极度竞争的市场,品牌可能将无利可图。

媒体投资主要考虑竞争品牌媒体投资的干扰度,在计算方式上是以比较方式运算各市场的干扰指数。

第二节 媒体投资的市场选择与资源分配

一、市场选择与优先顺序

通过上述因素的综合评估,经过指数运算,可以得出下列结果:

地理性考虑各因素统计

市场	CDI	BDI	对象人口	人均收入	市场成长	市场占有	既有知名	知名度成本	CPM	竞争广告量
A	120	140	356	1200	0.35	0.32	0.55	1600	250	80
B	75	120	487	800	0.20	0.21	0.60	1200	115	45
C	110	65	651	1150	0.25	0.15	0.45	1450	187	65
D	60	85	245	750	0.15	0.08	0.65	800	95	23
E	90	110	596	1050	0.45	0.12	0.70	1000	103	63

地理性考虑各因素加权指数

市场	CDI	BDI	对象人口	人均收入	市场成长	市场占有	既有知名	知名度成本	CPM	竞争广告量	合计
权值	25	15	10	5	10	5	5	5	10	10	100
A	25	15	5	5	8	5	4	3	4	3	76
B	16	13	7	3	4	3	4	4	8	5	68
C	23	7	10	5	6	2	3	3	5	4	67
D	13	9	3	2	1	2	5	5	10	10	63
E	19	12	9	4	10	4	5	4	9	4	78

·权值的制定,可以依品牌的需要加以调整。对于新上市商品,缺乏资料的项目

也可以忽略。

根据指数运算结果，市场投资的优先顺序应为：E－A－B－C－D。

二、市场投资的资源分配

在制定市场投资的优先顺序后，接下来的任务是根据优先顺序分配媒体资源。

在资源分配上，所定义的"媒体资源"指的是：

1. 媒体预算，指的是投资的金额。使用预算分配法的优缺点为：

（1）直接与销售值相关，使媒体投资额符合市场获利能力，对销售或获利较佳市场形成良性循环，但相对忽略潜在市场的开发。

（2）对投资效率较高（低CPM）市场可能传送过多媒体量，而对效率较低市场的媒体传送量则可能不足。

2. 媒体传送量，即GRP或Impression，其优缺点为：

（1）根据市场所需媒体传送量制定，因此符合传播的需求，且各市场可以获致足够传播量。

（2）各市场媒体投资金额，可能偏离销售值。

根据上述各市场指数运算结果，在预算分配上的操作如下：

加权指数与预算分配

市场	加权指数	百分比（%）	预算（千元）
A	0.76	21.6	540
B	0.68	19.3	483
C	0.67	19.0	476
D	0.63	17.9	447
E	0.78	22.2	554
合计	3.52	100	2500

运算程序：

1. 以加权指数的总和为100，将加权指数转换为百分比。

2. 假设总预算为 2500 千元,将各市场占预算的百分比乘以总预算则得出各市场预算。

3. 如采取 CRP/Impression 分配方式,则以同样方式计算各市场的 GRP,然后再根据各市场的每收视点购买成本,换算为预算金额。如下表:

加权指数与 GRP 分配

市场	加权指数	百分比	GRP(千元)	CPRP*	预算(元)
A	0.76	21.6	540	1,200	647727
B	0.68	19.3	483	1,035	499858
C	0.67	19.0	476	830	394957
D	0.63	17.9	447	650	290838
E	0.78	22.2	554	960	531818
合 计	3.52	100	2500		2365199

* CPRP (Cost Per Rating Point):收视点购买成本

三、新市场的开发与既有市场的取舍

在制定市场分级或优先顺序,并根据指数运算分配各市场的预算后,接下来必须考虑的是新市场的开发与既有市场的取舍。

1. 新市场的开发。上述操作,比较偏重既有市场的评估与投资,而对于新市场的开发,则相对较为忽略。事实上,行销及媒体太过强调既有市场,将限制品牌在地域上的扩张,因此媒体投资在行销的前导下,也必须对新市场加以评估,并根据评估出的指数分配新市场的媒体预算。

在运作上,新市场的开发相当于商品的新上市,在上述的评估项目中,可以忽略有关品牌既有状况的项目,即 BDI、品牌占有率、获利经验以及品牌传播所累积的资产,而以其他项目操作。所谓的忽略,并非将该项目列为 0 计算,而是以既有市场在该项目的平均值计算。如在上述的例子中,BDI 为 104,即 (140+120+65+85+110)/5;品牌占有率及获利经验为 28,即 (35+25+15

+45) /5；品牌累积资产为 59，即 (55+60+45+65+70) /5。

2. 既有市场的取舍。媒体在有限的资源下，在上述"见者有份"的资源分配方式中，经常对某些市场因过度分配而使个别市场出现投资不足的现象，特别是广告主所编列的预算过小，而企图涵盖的区域又过广时（在实际作业中经常发生这种现象）。在此情形下，媒体所考虑的要点将是各市场的投资低限，即最低投资门槛。

媒体在投资门槛的设定上，最直接的考虑是市场所传送的媒体量是否足够让消费者形成对广告讯息的记忆，因此所涉及的是接触频率的议题。市场所分配到的预算不足以支撑品牌所需要的有效到达率，或所能投资的广告波段必须间隔相当长的时间，以致于广告记忆难以累积时，即应放弃该市场，而将该市场媒体资源加入更具潜力（指数更高）的市场（关于有效到达率与频率，请查阅下一章节的到达率与接触频率目标）。

值得注意的要点是，在市场取舍上，两个"一半"并不等于一个完整的市场，媒体投资的过度分散，可能导致的是各市场因投资量未过门槛，而形成"一市无成"。

结论与提示：

1. 媒体投资市场选择应先制定选择因素、制定因素比重，再通过评估制定各市场投资优先顺序及投资比率。

2. 应用 CDI 与 BDI 的高低组合评估市场发展潜力。

3. 注意 CDI 与 BDI 为比较性工具，与品类规模大小即品牌占有率并没有绝对的关系。

4. 以媒体传送量分配媒体资源，较符合传播需求；而以金额分配则较符合各市场的收支平衡。

5. 投资市场选择应兼顾既有市场与新市场开发的平衡。

6. 注意两个一半并不等于一个完整的投资。

7. 市场的开发并不是单纯靠媒体就可以达成的，必须有整体行销的配合。

8. 媒体投资分配制定后，应回头检视是否符合各市场行销（非销售）需求。

第十三章 媒体选择策略

媒体选择的主要任务是制定媒体在类别与载具的选择的方向。在策略上的媒体选择,并不是真正地要去选出媒体类别或者媒体载具,对具体的媒体加以评估并真正地选出所要使用的媒体类别与载具则属于媒体执行方案选择的作业内容。策略的制定侧重于质上的考虑,而执行方案的作业上则偏向量与质的综合计算与评估。

一、媒体选择策略的思考角度

1. 从广告整体说服效果的角度,思考媒体如何为创意提供最佳的演出舞台与空间,使广告对消费者产生最佳说服效果。

2. 从避免品牌形象及广告效果被稀释的角度,思考媒体在选择与使用上应避免投入的环境。

3. 在广告作业的程序上,是先发展创意策略与媒体策略(包括媒体选择策略),再发展创意作品,因此在媒体策略制定时,媒体类别、载具与单元(Media Option——指媒体执行单元,如30秒电视广告影片、半版报纸广告等)皆尚未确定。

4. 在已确认使用电视、报纸等媒体类别的前提下,媒体选择策略的作业重点将主要在载具环境上的考虑,但如此作业程序则意味媒体类别选择被忽略,或媒体类型选择未经媒体选择的策略性分析与思考。

二、影响媒体选择的因素

媒体的选择主要受品类关心度、广告活动类型、品牌形象与个性、创意策略的语调与态势、消费习性、竞争态势等因素的影响。

1. 品类关心度。

根据我们在前面章节中对不同的媒体类别特性的分析，消费者讯息接收的主动性，将因各媒体类别的传播方式的不同而形成差异。一般而言，电波媒体由于节目与广告的相互取代性，广告讯息对消费者所造成的强制性较高，而印刷媒体则因刊物内文与广告并存，使消费者可以较为主动地过滤不感兴趣的广告，因此信息传播的强制性较低。

对于品类关心度较低的品类，由于消费者对品类的不关心，连带对该品类广告所投注的注意力相对也较低，如果广告安排在低强制性媒体上，将因消费者对讯息接收的主动过滤，而使广告效果大为降低。

品类关心度较高的商品，购买决定所需行程较长，消费形态偏向为慎虑型购买，因此消费者通常会主动寻找与收集商品资讯。同时由于品类关心度高，消费者作出购买决定所需的资讯量较大，因此媒体类别选择也偏向以印刷媒体为主。

品类关心度的差异，造成电波媒体多是轻松、简单的低关心度广告，如零饮、饮料及香皂、洗衣粉、洗发精等日用商品，即所谓的快速轮转消费品（FMCG-Fast Moving Consumer Goods），而印刷媒体上则多为严肃、专业的高关心度广告，如汽车、家电、电脑等。

2. 广告活动类型。

媒体本身对创意表现在声音（Audio）与画面（Video）上的传播能力，将造成不同媒体类别对广告创意承载能力的差异，因此对各类广告活动所提供的价值也将有高低与限制。简单地举例，以表现色彩为主的彩妆化妆品（如眼影、口红、腮红等）本身在媒体类别选择上，即已限制不能使用没有画面承载能力的广告媒体、黑白印刷或未能提供精致彩色的印刷媒体。下表为不同类型媒体对特定创意活动的适合度的比较：

创意诉求	电视	广播	报纸	杂志	户外	说明
权威性诉求 新闻性诉求	C	D	A	B	E	报纸以传达真实新闻为主,因此具有较高权威度与新闻性。
美感诉求或表现商品高级感	B	E	D	A	C	精致印刷的杂志,在再现(Reproduction)的能力较强,可以较佳传达美感诉求。
以"大"为诉求	B	E	C	B	A	所有媒体类别中,户外媒体最可能以最大尺寸篇幅传达创意。
使用示范	A	D	C	C	E	电视媒体具有画面与文字说明功能;最适合"演出性"示范,同时电视可以使用单一画面,在未离开消费者视线的情况下完整地示范商品功能,因此示范的说服力也较高。
娱乐性	A	B	C	D	E	电视媒体本身对消费者日常生活所提供的娱乐性功能,使电视对娱乐性创意具较高承载能力。
活动告知	A	C	A	D	E	简单的活动讯息以电视传达效果较高;较复杂的讯息则以报纸传达效果较佳。
剧情故事性	A	C	D	B	E	电视在剧情传达上较为完整,户外则以单一画面表现,在叙述性上较弱。
呈现幽默	A	B	C	D	E	由于电视在剧情传达能力上较佳,也较能表现幽默感。
悬疑神秘性	B	A	D	C	E	由于消费者只听到声音,却看不到具体画面的讯息,具有较大想象空间,使广播媒体在传达悬疑神秘性创意的承载效果较佳。
秘密性	C	B	D	A	E	消费者接触杂志媒体,通常较接近载具本身,接触的状况也是以一对一的形式,因此较具私密性,广播的接触状况也类似;户外媒体则暴露于大庭广众下,私密性较低。

续表

创意诉求	电视	广播	报纸	杂志	户外	说明
包装识别	C	E	C	B	A	由于户外媒体可以超放大,因此具有较大包装识别功能。
功能比较	C	D	A	C	E	印刷媒体的讯息保存性较高,消费者可以不受时间限制地来回比较,因此对比较性创意具有较高传达能力。
引起食欲	B	D	C	A	E	精致印刷的杂志可以呈现食品的可口以引起消费者食欲,广播则无法以书面传达食品实体,因此在引起食欲能力上较弱。
音乐性	B	A	E	E	E	广播与电视同具音乐性创意的传达能力,但广播较之电视,因仅具声音,较为单纯,因此传达能力较电视强。

以上仅为评估媒体类型与创意的适合度的一般性标准,事实上创意表现手法并不一定以上述为限,在实际作业中,必须针对特定的创意策略,就不同媒体类别对该创意的承载能力和对该创意的讯息传达的价值,然后再确定选择哪种类型的媒体。如果未经评估就直接确定使用电视、报纸或广播等媒体类别,甚至媒体单元的秒数或尺寸,就可能造成广告效果的损失与媒体资源的浪费。

三、品类相关性

载具内容与商品品类的相关性越高,在广告信息传播上越具有价值。例如,书籍广告刊登在杂志媒体上,因受众本身具有较强阅读习惯,因此接受广告诉求的可能性也较大。同样书籍广告出现在以介绍新书为内容的电视栏目中,因观众对书籍的购买兴趣较高,销售机会也较大。

除了从商品的表面归类直接判断媒体与品类的相关性外,还必须深入了解消费者需求与媒体接触的相关性。一个较具明显的例子是治香港脚(亦称运动员脚气)的药品,经常性地出现在体育性节目上，从而获得很好的相关性效果。

四、品牌形象与个性

编辑环境与广告环境对品牌形象和个性的适切性，也将影响广告效果的产出。

编辑或广告环境与品牌形象、个性相辅相成或相容的载具对广告说服力具有加分效果。例如，温馨的家庭剧适合形象保守传统的品牌，介绍科技新智的媒体载具适合以不断创新为形象的品牌。

编辑或广告环境与品牌不相干，或甚至不相容，则将有减分效果。例如，以家庭温馨和乐为形象的品牌出现在以外遇为内容的电视剧中，以科技为诉求的品牌出现在鬼怪片里等。

五、创意的态势与语气

创意的态势与语气对媒体选择的影响，与上述品牌形象与个性的影响类似，即应选择与创意调子相切合的载具，以加强说服效果，而不应使用与创意调性冲突的载具，以避免创意所产生的效果被稀释。

六、消费习性

消费习性与媒体选择的关系在于商品购买行为与媒体接触时空的关联。以自助旅行为例，由于其消费形态多为年轻的三两密友结伴出游，因此选择电影院为媒体，在消费族群集体休闲场合，引发其结伴出游的动机，所获至的当场作出消费决定的效果将远比使用一对一的媒体进行个别诉求为高。

再以保险为例，较具参加保险潜力的族群多为辛勤拼搏的中、壮年上班族，辛勤工作的目的是为家庭争取生活环境的提升。由于他们工作压力大、经常晚归，因此媒体接触时间偏向后边缘时段，同时在后边缘的夜阑人静时段里，消费者的心境由主时段的浮动转而较为深沉，且容易思考自身的将来，保险广告、以感性诉求在此时空下露出，对消费者的说服效果将大为提高。

除采取根据消费习性选择媒体外,在策略运用上,因商品传播的需要也可以采取"跟随环绕"的媒体选择策略,即随着消费者从早到晚的媒体接触,安排各式媒体以跟随方式进行随时的说服,如清晨时使用广播与电视、消费者出门时使用户外媒体、继之以早报、晚报以及晚间的电视等媒体类型和载具造成环境效果。

七、竞争态势

在前面章节中已经阐述过如何对竞争者的媒体策略进行分析,竞争态势对媒体选择的意义是,面对竞争所应该采取的应对策略:评估品牌在媒体投资量上的把握度,采取直接对抗方式;以较小打击面针对核心媒体,采取投放量上的优势。

结论与提示

1. 媒体选择策略在于制定品牌媒体选择的方向,而非实际选定使用的媒体载具。

2. 确定媒体选择策略的作业,暂时忽略各媒体在量上的差异,而主要评估各媒体对于广告效果产出在质上的差异。

3. 根据品牌个性与创意策略评估媒体环境与广告环境上的相容性。

4. 必须深入了解消费者的消费习性与作息和媒体接触之间的关联。

5. 必要时以"环绕方式"加强各媒体运用的加乘效果。

6. 评估资源大小,以决定是缩小竞争面取得局部优势,还是采取全面竞争的态势。

7. 针对不同的创意诉求内容,可以考虑将不同媒体的传播分工使用。

第十四章 到达率与接触频率目标设定

到达率与接触频率章节里主要是讨论媒体在每个不同市场及时间的投放量、应该接触多少对象人口以及在一定的时间里应该传送多少频次。

第一节 到达率与接触频率的概念

本章节主要讨论到达率与接触频次的制定,在制定之前,首先必须把到达率、接触频次、有效频次等相关要素之间的关系界定清楚。

1. 档次(Spot)/刊登(Insertion)。档次/刊登指的是一则广告出现在媒体上的次数,在电波媒体上称为档次,在印刷媒体上称为刊登。

2. 总收视点(GRP—Gross Rating Point)。为所有播出档次收视率的总和(专指电波媒体)。总收视点的另一种算法为到达率乘以平均接触频率(GRP=RXF),因此在 GRP 固定的情况下,到达率与接触频率即形成取舍;高到达率即代表低接触频率;反之,高接触频率即代表低到达率。

媒体在到达率与接触频率策略制定上的重要任务是在固定的媒体资源下,在到达率与接触频率的取舍当中,为品牌所需作出最适切的选择。

3. 接触人次(Gross Impression)。指一个媒体排期计划所接触的总人次。可以跨媒体类别计算,且为重叠的计算,即一个消费者接触任何媒体露出 3 次,或 3 个消费者各接触 1 次,皆计为

3人次。

4. 到达率（Reach，简称R）。指对象消费者中，在一定的期间内（通常指的是4周），暴露于任何广告至少一次的非重复性人口比率，亦称净到达率（Net Reach）。

在媒体开始露出时，由于大部分消费者尚未暴露于品牌广告的任何档次，因此到达率呈现较高幅度的成长。而在绝大部分消费者已经暴露于品牌广告后，加上部分消费者的媒体接触极低，到达率的成长就变得相当缓慢。理论上，由于少部分消费者从不接触媒体，因此净到达率最高只能达到接近100%，而无法真正达到100%。到达率从快速增加、逐渐缓和直到停滞，所呈现的递减（Diminshing）式成长约如下图：

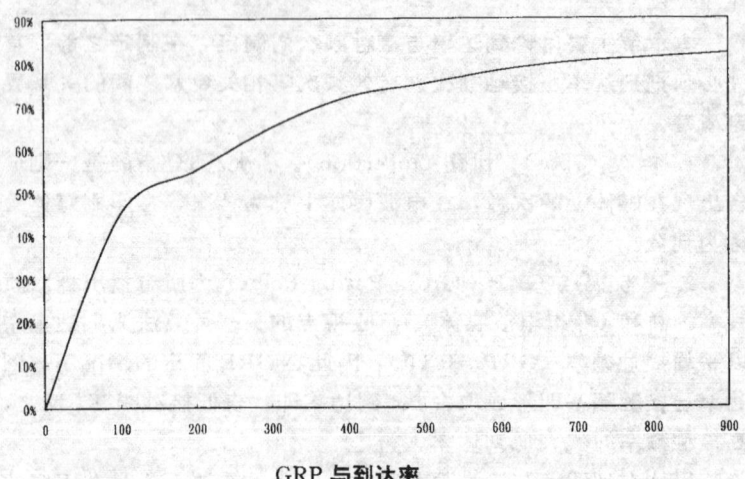

GRP 与到达率

净到达率极限，受到媒体普及率与使用状况以及对象阶层媒体接触状况的影响：

（1）在电视普及率为80%的市场，使用电视单一媒体，到达率的最高极限为80%。

（2）设定的消费群媒体接触习惯的差异，也将影响净到达率，如专业白领阶级由于生活忙碌,对所有媒体的接触偏低到建率建立较慢,而主妇则由于在家时间较多,对电视媒体的接触率较高,因此对主妇阶层,使用电视媒体,短时间内即可获致较高的到达率。

5. 接触频次（Frequency,简称F）。指在一定期间内（通常也是指4周）接触广告的对象消费者的接触次数。在分析上,接触频次通常被分为平均接触频次（Average Frequency）、接触频次分布（Frequency Distribution）及有效接触频次（Effective Frequency）,以更清楚地了解消费者对媒体的接触状况及更精确地掌握传播效果。（有效接触频次将在下面专节阐述。）

(1) 平均接触频率。指接触广告的对象消费者中,平均每个人的接触次数。在习惯上,接触频率指的即是平均接触频率,或简称接触率。

档次（刊登次数）、到达率与接触频率（平均接触频率）的相互关系如下图：

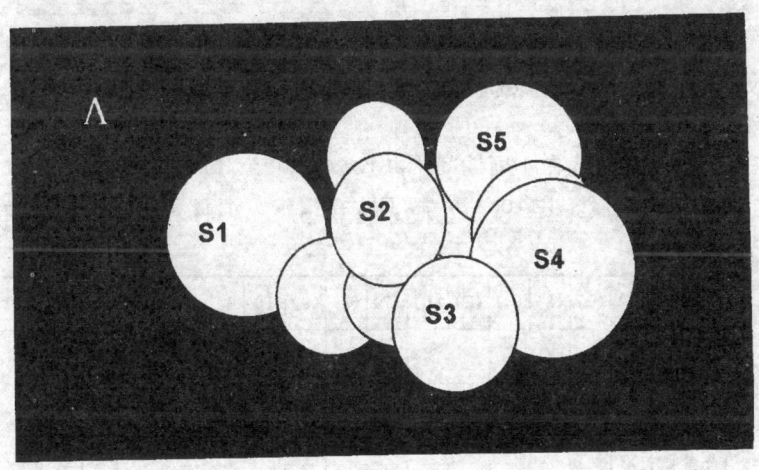

上图长方形代表所有对象消费者,总面积为A。

假设在4周的一个波段里,总共投放的档数为10档,如上图的10个白色圆圈。每一个白色圆圈为该档次的对象收视人口,圆圈占A面积的比率即为各档次的对象收视率,如S1、S2、S3等的收视率为S1除以A、S2除以A及S3除以A等。

收视发生的状况是,在媒体尚未开始投放时,整个A为黑色,即所有的对象消费者都未曾接触,当媒体开始投放时,每一个档次(Spot)就像聚光灯(spot light)一般把消费者照亮,因此第1档照亮一部分区域,区域的大小视该档次收视人口而定,然后第2档、第3档等陆续以大小不同的范围投射在A上,每个档次投射范围或重叠,或不重叠,经过10档的投射后形成上图形状。

档次指的即是S1、S2、S3等依次的播出。

接触人口为白色总面积,即各档次不重复的收视人口数,到达率则为白色面积占A(总对象人口)的比率。

平均接触频次为白色面积的接触人口中,平均每人接触的次数。

档次经常会与频率混淆,事实上,档数为广告播出的次数,而频次则是消费者接触的次数,一为播出,一为接收,两者的定义出发点不一样。

假设某品牌在4周期间内共投放(1)至(15)共15个档次,消费者从A至J共10人,根据收视报告,消费者的收视情形如下表:

播出档次	(1)	(2)	(3)	(4)	(5)	(6)	(7)	(8)	(9)	(10)	(11)	(12)	(13)	(14)	(15)	合计
消费者A	X		X			X	X				X	X				6
消费者B		X					X	X					X	X		5
消费者C	X			X					X			X		X		5

续表

播出档次	(1)	(2)	(3)	(4)	(5)	(6)	(7)	(8)	(9)	(10)	(11)	(12)	(13)	(14)	(15)	合计
消费者D	X		X			X							X			4
消费者E	X			X			X									3
消费者F		X		X						X	X					4
消费者G			X						X	X						4
消费者H				X	X											2
消费者I				X												1
消费者J																0
收视率	40	20	20	30	10	50	20	10	20	20	30	10	20	10	30	

- 档次（1）：10个消费者中，共有4人（ACDE）暴露于该档次，因此收视率为40%；
- 档次（2）：10个消费者中，共有2人（BF）暴露于该档次，因此收视率为20%；
- 档次（3）：10个消费者中，共有2人（AC）暴露于该档次，因此收视率为20%；
- 其余档次收视率以此类推；15个档次的收视率总合为340（GRP为340）。

到达率、平均接触频率的计算：

① 到达率为：10个消费者中共有9人（除了J之外）暴露于任何档次1次或以上，因此到达率为90%。

② 平均接触率：

从受众的角度，去看各受众的接触情况，可以把上面表格转换为下表：

暴露次数	人数	总人次
1次	1人 (I)	1次 (1X1)
2次	1人 (H)	2次 (2X1)
3次	1人 (E)	3次 (3X1)
4次	3人 (DFG)	12次 (4X3)
5次	2人 (BC)	10次 (5X2)
6次	1人 (A)	6次 (6X1)

平均接触频率的计算方法为：暴露的9个人中，一共接触34次（1+2+3+12+10+6），因此每人平均接触频率为3.67。

平均接触率的另一种算法为：340（GRP）/ 90（Reach）= 3.67。

由于到达率与接触频率的互相取代性，在上述例子，总共34人次的分配中，参与分配的人数越多，每人分配到的次数越少；反之，参与分配的人数越少，则每人分到的次数则越高。

（2）接触频率分布。指的是在每个接触频次的对象消费者比率，即接触1次的消费者占总消费者的比率，及接触2次、3次、4次等的消费者比率。

接触频次分布分析的主要目的是了解暴露于各频次的消费者的比率。消费者的接触频次不同，所产生的广告效果也不同，即接触1次广告的消费者，其讯息接收度和记忆度与接触2次、3次、4次等的消费者，将有所不同，主要是因为消费者对广告的接触一般并没有投注高度注意力，因此广告也必须通过次数的累积，使讯息一再重复才能建立效果。下表为一个4周媒体排期表（Spot Plan）所产出的消费者接触状况。

第十四章 到达率与接触频率目标设定 ·169·

接触频次分布

接触次数	人口（千人）	百分比（%）	接触人数（千人）
0	9446	24.6	0
1	4301	11.2	4301
2	4762	12.4	9523
3	5875	15.3	17626
4	5491	14.3	21965
5	3533	9.2	17664
6	1728	4.5	10368
7	1421	3.7	9946
8	845	2.2	6758
9	614	1.6	5530
10	154	0.4	1536
11	115	0.3	1267
12	115	0.3	1382
	28954	100.0	107866

对象人口数： 38400
到达率： 75.40%
接触人口： 28954
接触人次： 107866
平均接触频率： 3.73

所形成的频率分析图如下：

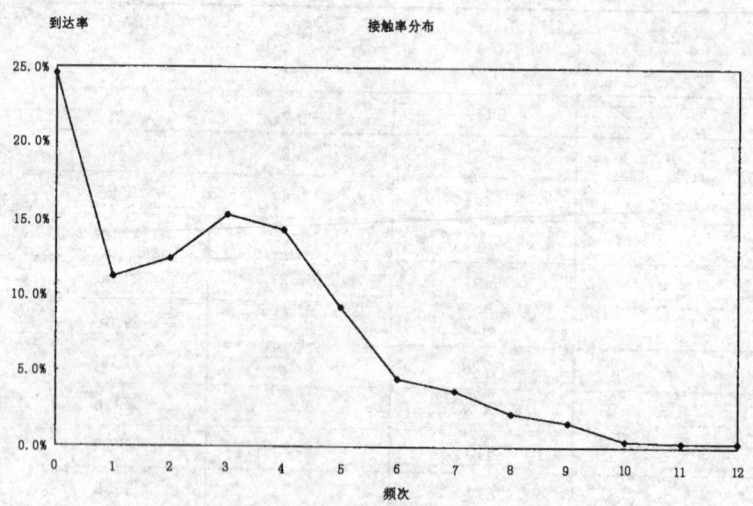

第二节 有效接触频率

有效接触频率是指对消费者达到广告诉求目的（Point B）所需要的广告露出频率。广告所希望达到的目的可以是知名度的建立，第一提及知名度、理解度的提高，或是消费者对品牌的态度的改变等。

受众接触不同频次的广告，将引起不同的反应：
第 1 次广告出现，他没看到；
第 2 次广告出现，他没注意；
第 3 次广告出现，"又一个新广告"；
第 4 次广告出现，"这广告我看过"；
第 5 次广告出现，"我来看看它在说什么"；

第6次广告出现,"我再仔细看看";
第7次广告出现,"喔!原来是说这个";
第8次广告出现,"又是这广告";
第9次广告出现,"它到底想干什么";
第10次广告出现,"不知道别人有没有用过";
第11次广告出现,"它说的好处对我有意义吗";
第12次广告出现,"它可能是个有价值的东西";
第13次广告出现,"应该是个好东西";
第14次广告出现,"我要买一个";
第15次广告出现,"太贵了!我买不起";
第16次广告出现,"没关系,等我有钱就去买";
第17次广告出现,"我把它记下来,免得忘记";
第18次广告出现,"唉!我真穷!";
第19次广告出现,"算算看我有多少钱";
第20次广告出现,"买了它"。

消费者对频次的反应,当然不会机械地完全按照上述模式,消费者也不必然在20次的接触后采取购买行动,重点是消费者从接触广告到产生购买行动通常必须通过知名、理解、产生偏好、购买意愿、实际购买的行为过程(特别是对于高关心度的品类),而购买的促成则有赖于广告频次的累积,即必须累积一定的频次才能促使效果的产生。

广告的有效频率,在过去传统的认定是以3次为有效频次的低限,事实上,不同的品类、市场、竞争、媒体环境及创意等,在媒体有效频次上皆有其不同的界定,在竞争剧烈的品类比竞争和缓的品类,所需要的有效频次要高,新品牌与已经成功建立的品牌所需的频次也将不会相等。

下表为不同的行销、创意及媒体状况,在有效频次上的差异。

一、行销因素

行销因素	所需频次	影响原因
品类生命周期	・导入期：低 ・成长期：高 ・成熟期：更高 ・衰退期：低	对导入期品类，市场的扩张主要来自于消费者对产品主动的需要，因此所需频次较低，且高频次的效果将相当有限；成长期阶段，消费者进入市场的速度加快，需要较高的频次；成熟期阶段，由于竞争的加剧，所需的有效频次将更高；衰退期品类，投资回馈减弱，高频次的作用也相当有限。
品类关心度	・品类关心度高，需要较低频次。 ・品类关心度较低，需要较高频次。	对高关心度品类，消费者对广告投注的注意率也通常较高，因此在露出频次上要求较低，即不需太高频次即可产生效果；对关心度较低的品类而言，则因消费者的不在乎，所以需要较高频次才能吸引注意，进而产生说服效果。
新商品与既有商品	・新上市商品，需要较高频次。 ・市场既有商品，需要较低频次。	新商品由于市场知名度与形象尚待建立，为加速品牌的建立需要较高频次，其道理如同汽车起步时需要使用较高输出的一档；既有商品由于在市场上已经有一段时间，知名度及品牌形象相对于新商品而言，确立的程度也较高，因此所需要的频次也相对较低。
市场企图	・市场企图较强，需要较高频次。 ・市场企图保守，需要较低频次。	市场企图强、采取市场扩张策略的品牌，因达成广告目标的困难度较大，需要的有效频次较高，且扩张程度越大，所需频次越高；企图较为保守，以维护现状为策略的品牌，相对较易达成广告目标，因此所需频次较低。
市场占有率	・市场占有率高的品牌，需要较低频次。 ・市场占有率低的品牌，需要较高频次。	市场占有率高的品牌，由于拥有较稳固的市场与消费者，所需的频次较低；占有率低的品牌则因被选择机会较小，而需要较高的频次。

续表

行销因素	所需频次	影响原因
品牌形象	・形象较鲜明的品牌，需要较低频次。 ・形象较模糊的品牌，需要较高的频次。	形象较鲜明的品牌由于具有较易辨认的个性，所需的有效频次较低；形象较不突出的品牌则需要以较高频次加深印象。
品牌忠诚度	1. 扩张型行销策略： ・品牌忠诚度高，需要较高频次。 ・品牌忠诚度低，需要较低频次。	在品牌忠诚度高的品类，消费者不容易转换品牌，所以需要比较大的力度，才可能推动品牌转换，因此企图吸引竞争品牌消费者，以扩张自身市场占有的品牌，所需的有效频次也较高； 相对而言，品牌忠诚度高对于企图维持现有状况的品牌，则因消费者不易流失，所以比较"安全"，所需频次也较低；
	2. 维持型行销策略： ・品牌忠诚高度，需要较低频次。 ・品牌忠诚度低，需要较高频次。	在品牌忠诚度低的品类，显示消费者较易流失，对扩张较为有利，因此相对于忠诚度的品类，在扩张上所需的频次较低； 但对维持型行销而言，由于其消费者的容易流失，因此需要较高的有效频次以维持品牌既有占有率。
竞争压力	・市场品牌数量较多，媒体投放量较大的品类，需要较高频次。 ・市场品牌数量较少，媒体投放量较小的品类，需要较低频次。	在市场存在众多（广告）品牌，且媒体投放量大时，由于消费者比较不容易在众多的品牌干扰中辨识差异，因此需要较高频次以建立品牌认知。在品牌针锋相对的市场，由于竞争品牌投放量的压力，有效频次将从绝对性转移为相对性，即以争取比竞争者较多次的接触为主，因此所需要的有效频次将较高，特别是在商品同质性高，且全年购买集中于特定季节的情况下。

续表

行销因素	所需频次	影响原因
商品使用频率与购买频率	·商品使用频率与购买频率高，需要较高频次。 ·商品使用频率与购买频率低，需要较低频次。	商品使用频率较高的品类，由于与消费者生活关系较为密切，常导致较高频率购买，因此需要较高频次的提醒，商品使用频率低则所需的频次也较低。 商品购买频率对媒体频次的影响为：品牌选择随着消费者的每一次购买行为发生，高购买频率显示消费者品牌选择的频率，亦即品牌经常面对被选择的机会与不被选择的危机，因此需要较高频次以强化被选择机会，或降低不被选择的危机。
商品对象阶层	·不同的对象阶层，导致不同的频次需求。	设定消费者心理状况及生活形态等方面的差异，将导致所需频次的不同，例如，儿童一般来说好奇心较强，容易形成对广告的记忆，因此所需的频次较低，老年阶层则因记忆减退，可能需要较高频次。

二、创意因素

创意因素	所需频次	影响原因
新广告活动或持续性活动（*）	·新的广告活动，需要较高频次。 ·既有广告活动的延续，需要较低频次。	新推出的广告活动，包括新的定位、新的主题或新的创意等，由于消费者对其较为陌生，因此需要较高频次以建立记忆；既有活动的延续，则因消费者已经比较熟悉，所需的频次也较低。
创意冲击力	·冲击力高的创意，需要较低频次。 ·冲击力较低的创意，需要较高频次。	冲击力高的创意作品对消费者造成较大的吸引力，因此较低的频次即可造成消费者的记忆；创意冲击力较低，则比较容易被消费者所忽略，因此必须较高的频率，才可能产生效果。

续表

创意因素	所需频次	影响原因
讯息复杂度	·复杂的创意讯息，需要较高频次。 ·简单的创意讯息，需要较低频次。	复杂的讯息，消费者比较不容易理解，因此需要传送较高频次，以造成消费者对讯息内容的理解；简单的讯息则较易理解，因此不需过高频次。
创意单位大小	·创意材料较大或长度较长，需要较低频次。 ·创意材料较小或长度较短，需要较高频次。	尺寸较大或长度较长的创意材料，比较容易吸引受众注意，因此需要的频次较低；尺寸较小或长度较短的创意素材则比较容易为受众所忽略，因此需要较高频次。
创意版本数量	·创意版本较多，需要较高频次。 ·创意版本较少，需要较低频次。	同一个广告主题，有时会以不同的创意版本加以表现，或是制作同一诉求点但有各种不同支持点的创意版本，为使每个版本能清楚地传达，版本越多，各版本加总所需要的频次越高。
广告角色 （A点与B点的距离）	·广告扮演的角色为建立知名度或商品理解，需要较低频次。 ·广告扮演的角色为改变态度，需要较高频次。	知名度与商品理解的目标相对于态度的建立，比较容易达成，因此需要的频次较低；品牌的偏好则需要较长时间与较大力度，因此需要较高频次。 A与B的距离显示广告目标达成的困难度，距离越远表示困难度越高，需要的频次越高；反之，距离越近，越容易达成，所需的频度越低。

＊新发展创意与既有创意在有效频次上的需求为一项比较具有争议性的因素。探讨新发展创意与既有创意不同频次需求的另外一个角度为创意的冲击力及耗损度。创意在露出初期，由于消费者的好奇，容易造成较大的冲击力，但随露出次数的累积，创意的新鲜感渐渐消逝，冲击力即受到影响而下降。从这个角度思考，新的创意因冲击力较强，所需要的频次将较低；反

之，既有的创意，因冲击力较弱，因此需要较高频次。

两种不同观点的分歧在于广告创意是否会随消费者接触次数的增加，而降低其冲击力，即所谓的创意耗损（Wear-out）。事实上，思考创意新旧在频次上的需要，主要在于确认消费者对讯息的认知，因此新发展的创意仍需要较高频次，既有创意则需要较低频次。

至于创意耗损，应该属于创意范畴问题，对于耗损的创意，亦即未能达成广告目的的创意，即应舍弃。从投资的角度思考，以频次的加强修补创意，不但浪费媒体投资，且并不一定能达成广告所设定的目的。

创意在冲击力上的耗损，主要与广告、竞争、创意及媒体等因素相关：

1. 在广告角色的扮演上。当广告设定的目标为塑造品牌形象、建立品牌定位时，创意冲击力扮演较重要角色，即当媒体露出累积到某种程度，当消费者已经失去再触的兴趣时，创意即因冲击力的消失而告耗损。

当广告设定的目的为提醒品牌时，对消费者而言，媒体露出次数的累积是增加熟悉度，并不会因提醒次数增加而降低提醒效果，即创意耗损的程度将较为缓和，同时因广告目的为提醒，较新的创意需要较高的频次以使消费者在短时间内产生广告与品牌连接的印象。

2. 竞争比对。竞争对创意耗损的影响为比对式影响，即当竞争品牌不断推出新的创意时，品牌既有创意在比对下，即容易出现耗损状况，特别是在竞争品牌推出更新、更符合消费心理或更契合现实生活话题的创意时。此种现象类似车种的换代，当日本车不断推出新一代车款时，即彰显美国车式样的老旧。

3. 创意表现概念。创意表现手法对创意耗损的影响比较抽象。而分歧，大体上，以唯美为表现手法的创意耗损较为缓慢，强销式创意耗损则较快，而以悬疑为手法的创意表现，在消费者知悉结果后，即因创意张力的消失而耗损。

4. 媒体所累积的频次与露出行程。创意的耗损与其在媒体上露出的次数有绝对的相关性，创意作品累积露出的频次越高，其耗损的程度越高。一般而言，当创意累积的接触频次超过30次时即有耗损之虞（30次指的是消费者有意识地实际接触到广告创意的次数，而非露出次数，或数据上的接触频次）。

媒体露出行程的设定对创意耗损也形成影响，在每周投放量相同情况下，连续性的行程，创意的耗损较快，而在栏栅式的行程下，由于在高档期间，消费者对创意记忆的衰退，因此耗损也较慢。

5. 媒体类别使用的影响。电波媒体广告讯息的强制性较高，印刷媒体则因受众可以较自由地选择接触的讯息而强制性较低。接触强制性的差异，导致电波媒体的创意在耗损之下仍有其功能，而承载于印刷媒体上的创意，一旦耗损，所能发挥的功能将相当有限。

三、媒体因素

媒体因素	所需频次	影响原因
媒体干扰度	·媒体干扰度越高，需要越高频次。 ·媒体干扰度越低，需要越低频次。	排除创意因素，各品牌的心理占有率主要由品牌接触频次决定，因此媒体环境所形成的干扰度，对有效频次产生相对性的影响。在干扰度较高的环境中需要提高声音，以使消费者可以辨认并认知品牌所传播的讯息，特别是在直接竞争品牌投入较高的媒体露出时；而在干扰度较低的媒体环境中，品牌面对较为宁静的空间，所需花费的频次也相对较低。

续表

媒体因素	所需频次	影响原因
媒体环境与品牌的相关性	·媒体环境与品牌相关性高，需要较低频次。 ·媒体环境与品牌相关性低，需要较高频次。	品牌投放广告于与品类、品牌或创意相关的媒体环境下，即占有较高兴趣与投注的优势，因此所需花费的力量较低，即所需投入的频次较低，反之，则较高。
媒体行程	·连续式媒体行程，需要较低频次。 ·间隔较长的行程，需要较高频次。	媒体采取连续式行程，所获致的讯息认知是在既有记忆的基础上持续建立的，因此所需投入的频次较低；相对而言，栏栅式的露出行程模式，广告波段之间的空档越长，消费者对信息的记忆越模糊，所需的频次也越高。
媒体类别	·使用较多媒体类别，需要较多频次。 ·使用较少媒体类别，需要较低频次。	由于每一种类别的媒体，在有效频次上皆有其最低限，因此使用的媒体类别越多，各媒体类别加总所需的有效频次越高，反之，媒体使用越单纯，则需要的有效频次越低。

根据上述的有效频次考虑因素，在运用上，可以将相关影响因素详列如下表，然后根据品牌所处状况加以量化。

	－1	－0.5	0	＋0.5	＋1	
生命周期（导入期）						生命周期（成熟期）
品类关心度低						品类关心度高
既有品牌						新品牌
市场企图低						市场企图高
市场占有率高						市场占有率低
品牌形象鲜明						品牌形象模糊
品牌忠诚度高（＊）						品牌忠诚度低
竞争压力小						竞争压力大
偶而使用/购买						使用/购买频繁

续表

	-1	-0.5	0	+0.5	+1	
设定对象为家庭主妇						设定对象为白领阶层
既有广告活动						新广告活动
创意冲击力高						创意冲击力低
单纯的创意讯息						复杂的创意讯息
长秒数/版面						短秒数/版面
创意版本数量少						创意版本数量多
说服任务单纯						说服任务艰巨
媒体干扰度低						媒体干扰度高
媒体环境相关性高						媒体环境相关性低
连续式媒体行程						栏栅式媒体行程

(*)：如前所述，品牌忠诚度必须和市场企图一并考虑。

在量化表使用上：

1. 以 3 次为基本频次需要。

2. 依各因素不同的需求在 +1 与 -1 之间进行加减，得出品牌所需频次。

3. 上表所列因素并非对所有品牌都具有意义，因此在运用上必须先辨认影响因素项目。

4. 各影响因素对所需频次的影响亦非等值，在必要时，可以运用加权（weighted）方式，赋予各因素不同的权值，以确实地反映品牌所需。

5. 必须特别注意媒体计划所传送的频次与消费者实际接触的频次之间的落差，错把媒体传送频次当成消费者实际接收频次，将造成严重传送不足。

在有效接触频率的认定上,有些理论认为有效频率有其高限,在超出高限情形下的频率即成为负面接触。事实上,在实际的案例中,媒体因过度露出而出现负面影响的可能性相当小:

1. 消费者在生活中的媒体接触,对于频次的概念只是接触次数的多或少,至于详细的次数则难以准确计算,过度露出只会形成"多"或"很多"的感觉,而不至于因此产生负面影响。

2. 媒体露出需要预算的支撑,而对绝大部分的品牌而言,媒体资源皆有其一定的限制,品牌以预算支撑媒体露出到出现露出过度的机会将相当少。

3. 在到达有效频率之后的频率,在资源运用上将形成浪费,即消费者接触的效果将不会发生变化,媒体运作应尽量避免这种情况,而将资源运用在到达率的提高或其他行销运作上。

4. 某些创意在露出一定次数后,消费者不再有接触的兴趣,此种情况为创意的耗损(Wear-out),此时所该更动的是创意,而非媒体露出行程。

第三节 有效到达率

在有效频次以上的到达率即为有效到达率。

如以 5 次为有效频次,则频次在 5 次及以上的到达率加总即为有效到达率。如第一节接触频率分布表的例子,频次在 5 次及以上的到达率为 22.2,即(9.2+4.5+3.7+2.2+1.6+0.4+0.3+0.3)。

接触频次分布

接触次数	人口（千人）	百分比（%）	接触人次（千人）
0	9446	24.6	0
1	4301	11.2	4301
2	5875	12.4	9523
3	5875	15.3	17326
4	5491	14.3	21965
5	3533	9.2	17664
6	1728	4.5	10368
7	1421	3.7	9946
8	845	2.2	6758
9	614	1.6	5530
10	145	0.4	1536
11	115	0.3	1267
12	115	0.3	1382
	28954	100	107866

上个章节的有效接触频率设定的结果是定义出一个有效接触频率的绝对值目标，以清楚地制定媒体在频率上的目标，这在媒体作业上是合理而且必须的，但事实上，仔细探讨消费者的媒体接触行为，将发现绝对值并不一定绝对。低于设定的有效频率绝对值以下的媒体接触，是否应该被完全视为无效？有效频率是否存在所谓的门槛，过了门槛才能产生传播效果？

问题的解析可以从频次累积及讯息认知过程加以思考。有效接触频率的达成必须从低频次开始累积，消费者对广告讯息的认知为积渐形成的过程，而非跳跃式的突然之间完全明白，因此低频次在讯息认知上或许并不真切，且未能达到广告所设定的目标 (Point B)，但在程度上当有其贡献。确认前述思考方向后，在运用上，可以将各频次加权以衡量一个媒体排期计划的产出。以上述例子运算，其加权产出为：

媒体排期加权分析

接触次数	百分比（%）	权值	总产出
0	24.6	0	0
1	11.2	10	1.12
2	12.4	20	2.24
3	15.3	40	6.12
4	14.3	60	8.58
5	9.2	100	1.92
6	4.5	100	4.50
7	3.7	100	3.70
8	2.2	100	2.20
9	1.6	120	1.92
10	0.4	120	0.48
11	0.3	120	0.36
12	0.3	120	0.36
		合计	33.5

表中假设有效频次的设定仍为 5 次，5 次以下的频率的权值低于 100 且递减，而高于 9 次则提高其权值到 120，以反映不同频次在传播产出上的差异。

媒体排期的加权分析也可以运用在不同排期之间总产出的评估与选择。在加权分析下的排期选择，与单纯以到达率及接触频率进行选择的结果可能存在差异。

总收视点在不同的水平，对有效频率的产出有其绝对的影响；从下表从第 1 档到第 75 档逐次增加，可以看出每增加 100 个收视点，到达率与频率分布的变化，以及总收点、到达率与频率相互成长的情形。

第十四章 到达率与接触频率目标设定

档次	收视率	总收视点	接触频率	累积频率分布					
				1+	2+	4+	6+	8+	10+
1	3.7	3.7	1	4					
2	3.7	7.4	2	4	4				
3	20.7	28.2	1.2	23	4				
4	20.7	48.9	2.1	23	23	1			
5	5.5	54.4	2.1	26	23	1			
6	5.5	59.8	2.3	26	26	4	0		
7	20.7	80.5	2.1	39	26	4	0		
8	20.7	101.2	2.6	39	39	11	0	0	
9	25.5	126.7	2.6	49	39	11	0	0	
10	25.5	152.3	3.1	49	49	19	8	0	0
11	27.7	179.9	3.5	5.1	49	19	8	0	0
12	19.4	199.3	3.6	56	50	19	10	4	0
13	19.4	218.8	3.9	56	55	26	10	4	0
14	5.0	223.8	3.9	57	55	27	10	5	0
15	5.0	228.9	4	57	56	28	11	5	0
16	5.0	233.9	4.1	57	56	28	11	5	1
17	23.9	257.8	4.2	62	56	28	12	7	5
18	23.9	281.6	4.6	62	61	34	18	7	5
19	33.6	315.3	4.8	66	61	40	23	10	6
20	33.6	348.9	5.3	66	65	46	25	12	6
21	35.1	384.1	5.8	66	65	47	31	17	9
22	8.5	392.6	5.9	67	65	48	32	18	10
23	8.5	401.1	6	67	66	49	34	19	10
24	3.8	404.9	6	67	66	49	34	19	10
25	3.8	408.7	6.1	67	67	49	35	20	11
26	19.6	428.2	6.2	69	67	51	39	20	11
27	4.2	432.4	6.3	69	67	51	39	21	11
28	4.2	436.6	6.4	69	67	52	39	21	12

续表

档次	收视率	总收视点	接触频率	累积频率分布				
				1+	2+	4+	6+	8+	10+
29	4.2	440.8	6.4	69	67	52	39	21	12
30	1.8	442.6	6.4	69	67	52	40	22	13
31	1.8	444.4	6.5	69	67	52	40	22	13
32	11.0	455.4	6.6	69	67	53	42	22	14
33	11.0	466.4	6.8	69	67	54	42	24	14
34	4.4	470.8	6.8	69	67	54	42	24	14
35	4.4	475.2	6.8	69	68	54	42	25	16
36	1.5	476.7	6.9	69	68	54	42	25	16
37	33.0	509.7	7.1	72	69	56	45	28	18
38	2.3	512.0	7.1	72	68	57	45	28	18
39	6.6	518.5	7.2	72	69	57	45	29	19
40	3.6	522.2	7.2	72	69	57	45	30	19
41	2.9	525.1	7.3	72	69	57	45	31	20
42	38.3	563.4	7.7	74	71	59	46	34	21
43	1.2	564.6	7.6	74	71	59	46	35	21
44	2.2	566.8	7.7	74	71	59	46	35	22
45	1.5	568.3	7.7	74	71	59	46	35	23
46	38.2	606.5	8	76	73	60	49	38	26
47	1.2	607.8	8	76	73	60	49	39	26
48	11.1	618.9	8.1	76	73	61	50	39	28
49	1.8	620.6	8.2	76	73	61	50	39	28
50	1.8	622.4	8.2	76	73	61	50	39	28
51	3.7	626.1	8.2	76	73	61	50	39	28
52	0.5	626.6	8.2	76	73	61	50	39	28
53	40.5	667.1	8.6	78	73	62	52	44	31
54	40.5	707.6	9.1	78	75	64	53	45	33
55	23.8	731.5	9.3	79	75	65	53	47	35
56	3.3	734.8	9.3	79	75	65	54	47	35

续表

档次	收视率	总收视点	接触频率	累积频率分布					
				1+	2+	4+	6+	8+	10+
57	39.7	774.5	9.8	79	75	67	55	48	37
58	3.0	777.5	9.8	79	76	67	55	48	37
59	5.4	782.9	9.9	79	76	67	55	48	38
60	14.0	796.9	10	80	76	67	56	48	39
61	6.8	803.7	10	80	76	67	56	49	40
62	0.5	804.2	10	81	76	67	56	49	40
63	0.8	805.0	10	81	76	67	56	49	40
64	15.2	820.2	10.1	82	76	67	57	49	40
65	12.9	833.1	10.2	82	76	67	58	49	41
66	4.1	837.2	10.2	82	76	67	58	49	41
67	4.1	841.2	10.2	82	77	67	59	51	41
68	14.9	856.1	10.4	82	77	67	59	51	41
69	15.0	871.1	10.6	82	77	68	59	52	41
70	1.3	872.4	10.6	82	78	68	59	52	41
71	17.3	889.7	10.8	82	78	69	60	52	41
72	20.1	909.8	11	82	78	71	60	53	44
73	18.6	928.4	11.3	82	78	71	61	55	45
74	0.8	929.2	11.3	82	78	71	61	55	45
75	24.9	954.1	11.5	83	79	71	64	55	47

到达率与接触频率成长过程：

1. 在媒体排期未执行前，所有的消费者皆未曾接触品牌广告，因此到达率与接触频率皆为0。

2. 媒体排期计划开始执行初期，消费者对品牌广告的接触次数大部分为少数几次，即接触频次从0次开始累积到少数的1到3次；此时期的媒体露出主要偏重在到达率的建立上（消费者的媒体接触从0次到1次或以上，即代表接触率的成长），如下图：

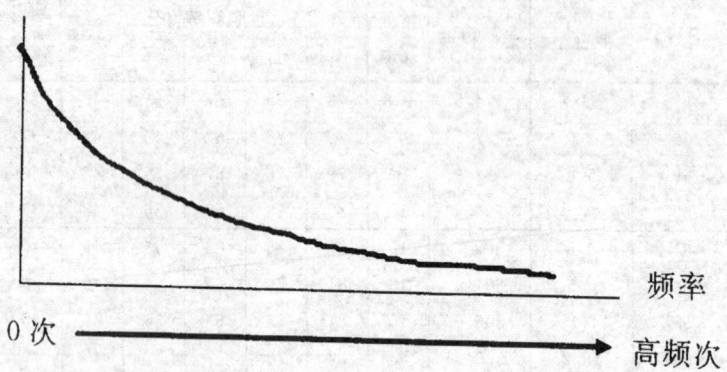

频率
0次 → 高频次

3. 媒体排期计划执行一定期间后,在大部分消费者皆已接触过商品广告的情况下,到达率的成长即缓慢下来,媒体的露出主要造成消费者在频次上的累积,即接触频率较低的消费者渐渐减少,而接触频率较高的消费者渐渐增加,如下图:

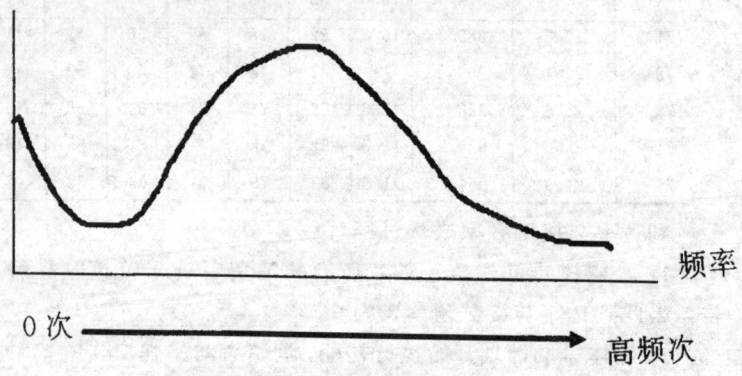

频率
0次 → 高频次

4. 媒体越持续露出,到达率越接近极限,此时媒体露出所造成的将只是提高接触频率累积的次数,即上图的接触频率高峰渐渐往右边方向移动。

5. 综合上述,到达率与接触率在 GRP 的成长下,所形成的阶段性发展为：

（1）媒体露出以 XY（0，0）为起始点。

（2）在 GRP 较低的露出初期，形成到达率高而频次低的状况。

（3）露出一定时间后，GRP 渐渐提高，消费者的接触频率由低频率往中高频率累积。

（4）媒体再持续露出，累积 GRP 更高，接触率的高峰往高频次方向移动。

上述曲线所呈现的为一般到达率与接触频次分布模式，在实际作业上并非一成不变地依照上述模式发展，影响曲线的主要因素为：

1. 设定消费群的媒体接触行为。如消费群为媒体的重级使用者，则到达率与接触频率的建立较快；如对象消费群为媒体的轻级使用者，则到达率与接触频率的建立相对较困难。

2. 媒体类别与载具的使用。由于媒体类别及载具皆有其自涵盖阶层，在相同预算规模（GRP）及露出期间内，所运用的媒体类别及载具数量越多，所获致的到达率越高；运用类别及载具越单一，则消费者的接触频率将越高。

上述曲线对媒体操作的重要意义是，媒体排期计划所传送的 GRP 较小时，所得到的接触频率分布将集中在较低的频次上，当传送的 GRP 达到适当水平时，接触频率分布往中等频次的 5～8 次集中，而希望消费者的接触频率往较高频次集中时，则相对必须投入较高的 GRP。最重要的是制定适切的 GRP 目标，以产出最大的有效到达率。

到达率与接触频率的成长及有效到达率的产出，提供给媒体操作的启示为，尽量通过载具选择及行程安排形成下列的频次分布曲线，即尽量减少低于\高于有效频率的比率，而往设定的有效频率集中，如下图：

在有效接触频率及到达率制定后，媒体的基本策略方向就已经确定，然而如前所述，到达率的建立并非以等速成长，即以成长递减（Dimishing Return）方式增长。以每投资100GRP的方式加以分析，其增长曲线大约如下图：

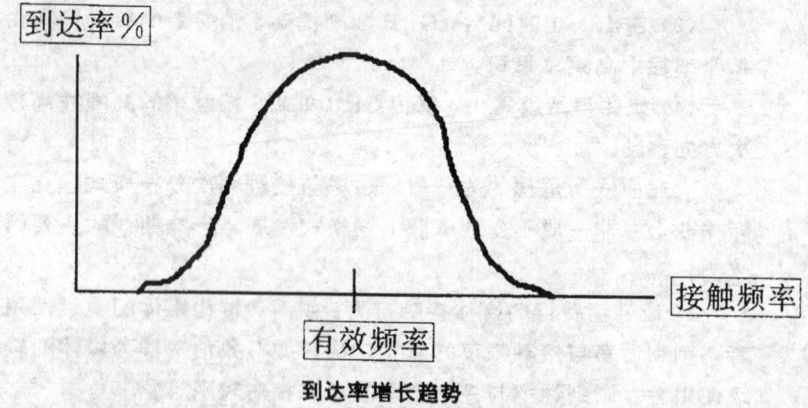

到达率增长趋势

计划 GRP	到达率（%）	增长率（%）	接触频率
100	4	—	2.22
200	55	123	3.61
300	65	117	4.62
400	72	111	5.56
500	75	104	6.67
600	78	104	7.69
700	80	103	8.75
800	81	101	9.88
900	82	101	10.98

收视率加权：

在品牌的消费由多重角色共同作出决定的情况下，媒体应根据各角色在品牌决定中的重要性即决定比重合理地分配传送量。

以前述法国的咖啡购买为例,妻子与丈夫的决定比重为8比2,因此在收视率的计算上应该也是以此比重计算加权收视率。

收视率加权

	25—44,已婚男性		25—44,已婚女性		加权收视率
	收视率	权值(%)	收视率	权值(%)	
节目A	24	80	31	20	25.4
节目B	15	80	22	20	16.4
节目C	28	80	16	20	25.6
节目D	16	80	25	20	17.8
节目E	12	80	26	20	14.8

针对多种对象阶层的媒体载具效率评估,应以上述加权方式加以运算,以获得更精准的媒体传送。

在媒体传送量的评估上,也应根据不同的对象阶层分别计算到达率与接触频率,以确认各阶层获致足够的传送量。

结论与提示

1. 了解露出(Exposure)、档次(Spot)、刊载(Insertion)、收视率(Rating)、阅读人口(Readership)、总收视率(GRP)、接触人次(Gross Impression)、到达率(Reach)、有效到达率(Effective Reach)、平均接触频率(Frequency)、接触率分布(Frequency Distribution)、有效接触频率(Effective Frequency)的定义以及这些要素之间的互动关系。

2. 到达率与接触频率的计算,所定义的期间为4周,但在操作上,可以以周为单位加以计算,再集数周成为广告波段(Burst)。

3. 在GRP固定的情况下,到达率与接触频率成负相关。

4. 消费者对广告讯息的认知和记忆需要一定频率的累积。

5. 媒体所设定的对象阶层在媒体接触上的高低差异，导致到达率与接触频率建立上的困难度不一。

6. 消费者因接触习惯造成在接触频率上的区别，从而形成接触频率分布。

7. 消费者对广告的接触频率累积到足以认知广告讯息并形成记忆的接触次数，即为有效频率。

8. 各接触频率皆有其露出价值，但在越过有效频率门槛之后，消费者即对讯息形成较完整的认知与记忆。

9. 各品牌的有效频率门槛，因市场、创意及媒体因素而异。

10. 不同的行销及广告活动，可能需要不同的到达率及接触频率目标。

11. 仔细评估行销目标下所需的到达率以及到达率成长曲线，避免因到达率过度扩张而浪费资源。

12. 媒体投资是以预算购买广告接触人次（Impression），媒体在到达率与接触频率上的努力方向是产出有效到达率的极大值，而非购买更多的 GRP。

13. 接触频率直接关系广告效果，在运作上，通常以设定接触频率为优先考虑，再思考到达率，即以有效为前提，再寻求广度的涵盖。

14. 到达率与接触频率可以跨媒体类别计算，但必须特别注意不同类别的媒体在价值及产出上可能有相当大的差异。

15. 应注意所有资料上的（日记法）收视率、阅读率、到达率与接触率等，所指的皆为载具本身的收视或阅读，不能直接认定为广告的收视或阅读。

第十五章 媒体行程设定

第一节 影响媒体行程的因素

媒体行程设定所需制定的是媒体在露出行程上的策略,包括媒体应采取何种露出模式、何时上\何时下及露出周期等。

在制定行程策略时必须的考虑因素为:
- 广告讯息记忆与遗忘;
- 品类销售与消费的时间性;
- 品牌与品类发展阶段;
- 行销目标及策略;
- 竞争品牌行程模式;
- 预算大小;
- 广告活动类型;
- 媒体环境上的考虑;
- 其他活动配合及需求;
- 执行层面上的考虑。

一、记忆衰退曲线

广告效果的建立,来自于消费者对广告讯息的理解与记忆。消费者对广告讯息认知与记忆衰退的基本模式为:

1. 广告露出与消费者的商品购买有直接的关连性。
2. 在时间累积下,消费者接触广告的频次越高,印象越深刻。
3. 消费者对讯息的记忆度及对品牌建立的态度,随着时间流逝，将渐渐衰退。

4．记忆度及态度在媒体露出停止后，并不会马上消失殆尽。记忆建立后的遗忘所形成的曲线（即遗忘曲线），大约如下图：

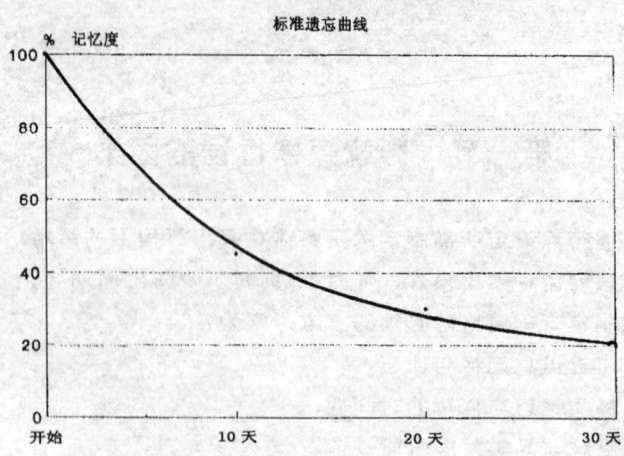

标准遗忘曲线

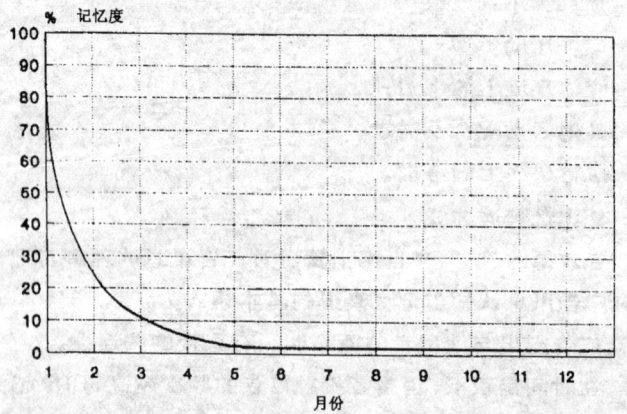

标准遗忘曲线

标准遗忘曲线所显示的为遗忘曲线的一般值，事实上，广告讯息记忆与态度建立及遗忘将因商品购买形态（周期）、品牌发展阶段、品牌形象鲜明度、竞争环境、创意冲击力、媒体比重大小等因素影响而有所差异。

影响因素	记忆建立\衰退
品类差异	广告对不同品类所产生的推力效果有所差异，对低关心度品类产生的推力较大，媒体露出到销售产出之间的时间差较短，且消费者的遗忘速度较快（遗忘曲线较陡）；广告对高关心度品类所能产生的推力则相对较小，媒体露出到销售产出的时间差较长，但遗忘速度较慢。
商品购买周期	购买周期较短的品类，遗忘速度较慢；购买周期较长的品类，遗忘速度较快。
品牌发展阶段	新商品需要较长时程建立消费者记忆，既有商品则因消费者较熟悉而需要相对较短的时程。
品牌形象鲜明程度	形象较为独特鲜明的品牌，记忆建立较快，且衰退较慢；形象较为不独特的品牌，需要较长时程建立记忆，且记忆衰退较快。
竞争环境	市场上品牌选择越多，互相取代性越高，所需时程越长。
创意冲击力	创意冲击力越强，消费者越容易形成记忆；冲击力越弱则需要越长时程建立记忆，同时记忆衰退也较快。
媒体干扰度	媒体环境的干扰度越高，特别是同品类的竞争品牌所形成的直接干扰度越大，建立记忆所需时程越长。
媒体比重大小	媒体传送的频次越密，建立记忆所需时程越短；反之，传送频次越低，所需时程越长，且记忆衰退越快。

二、品类销售与消费时间性

时间性一般指的是商品在销售上的季节性分布，但在媒体行程制定上更重要的是必须考虑消费者品类及品牌购买决定的时机。

在前面章节里曾经讨论过消费者的购买行为可以拆解为下列阶段：

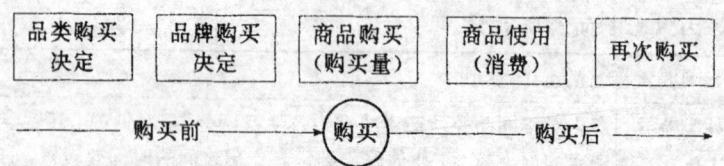

媒体的露出在各个阶段有其不同的意义：在购买前为影响购买决定；在使用中为肯定购买决定与加强使用信心，以期影响再次购买的选择。

上图所显示的阶段，对大部分成熟品类而言，从购买前、购买，到购买后、使用（完），再到形成购买前状态，即形成一个循环，循环周期称为购买周期（Purchase Cycle）。品类关心度、商品单价、购买量、品牌忠诚度及使用频率等差异，导致消费者整个购买行程的变化：

1. 品类关心度较高的品类需要较长时间思考以作出决定。
2. 单价较高品类，所需购买决定时间也会较长。
3. 每次习惯购买量较高品类，购买周期也将较长。
4. 品牌忠诚度较高市场，所需品牌转换时程将较长。
5. 使用频率较低品类，所需购买周期也较长。

例如：

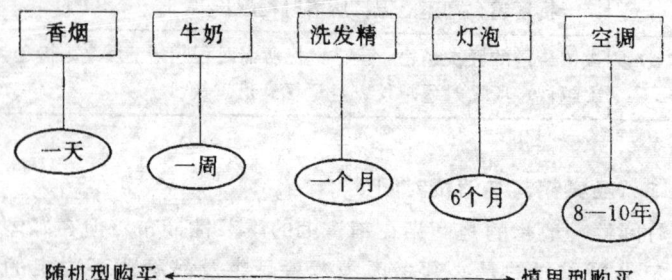

第十五章 媒体行程设定

从上述分析中可以明确认知消费者在各个阶段行为的时间差。就影响购买决定的目的而言，媒体露出的时机，应该配合消费者决定时期，而非消费者已经采取购买行动的销售季节性。

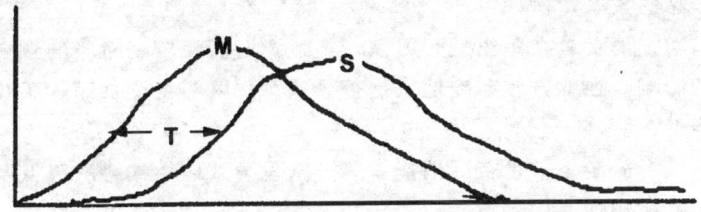

图中 X 轴为时间，Y 轴为百分比，S 曲线为销售曲线，M 曲线为媒体露出行程及比重曲线，T 则为 S 与 M 的时间差。

在以影响购买决定为目的前提下，应考虑消费者购买决定所需行程，即从媒体露出，到真正采取购买行动整个行程所需要的时间，以确定 M 曲线的合理位置。假设整个行程所需时间为 T，则 M 曲线应以 T 为距离设定于 S 曲线之前。如消费者需要较长时间作出购买决定时（即 T 较长），M 曲线应该往左移动；反之，消费者可以很快作出购买决定时（即 T 较短），M 曲线应该往右移动；而对消费者从讯息认知到购买决定几乎不存在时间差的品类（如碳酸饮料），M 曲线甚至可以移至往右到几乎接近 S 曲线（从影响购买决定的角度而言，M 曲线当然不应出现在 S 曲线之后）。

行程设定主要讨论的是媒体露出时机，一般习惯上皆以月或周为时间单位，事实上，媒体行程设定应该以消费者整体购买行为作为思考重点，从各大小不同的时间单位上去尽量影响其购买决定，亦即：

1. 把年分为 4 季，制定哪些季节为重点，哪些季节为次重点。
2. 季再细分为月，制定月份重点。
3. 月再细分为周，思考周之间的差异与机会。
4. 周再细分为天，思考平常日与放假日之间的差异与机会。

5. 天再细分为小时，思考一天中的差异与机会。

时间单位的细分化，可以让媒体人员从更真实的生活层面，去了解并思考消费者在各不同时间上的作息与情绪上的变化以及与产品的关系，例如：

· 消费者在冬季是否习惯较早睡觉，而使较晚时段的收视受到影响，在北方较寒冷地区是否导致每次购买量增加而购买频率降低；

· 旅游季节是否因消费者离开家里导致媒体接触的降低及购买的减弱；

· 春节前的购买高峰是否应该利用，春节后的购买低潮是否应该避开；

· 重要节庆前单位福利品的发放是否影响购买周期，而降低商品销售机会；

· 寒暑假对学生阶层作息的影响；

· 每月发薪当周，对于较高单价、较奢侈的非必需品及其他较为迟疑的消费，在消费者口袋里金钱较多的状况下，是否比较容易说服购买；

· 消费者的周末采购行为，是否提示媒体应该利用接近周末的平常日的媒体露出去影响购买项目及品牌的选择；

· 消费者在一天的生活中，心境与食欲等方面的变化，上班前的忙碌时刻是否形成感性诉求的沟通障碍，食欲较低的饭后时刻是否对食品广告较为不利。

三、品类与商品发展阶段

品类所处的生命周期与品牌发展阶段的不同，将需要不同的行程策略。

1. 品类生命周期。

（1）品类为导入期阶段。导入期阶段品类的市场状况为，品类普及率不高，消费者对品类理解度较低，所需要的通常是具有教育性质的广告，同时在此时期竞争也较为和缓，因此在行程安排上，偏向较为连续的方式，且所投入比重也较低。

（2）品类发展到成长期。消费者对品类逐渐熟悉，品类普及率加速提高，品牌逐渐增加，所需要的广告偏向品牌形象强化，由于对抗竞争在每波投放量上的需求，使行程逐渐由平缓的连续式演变为具有起伏的波浪形态，且每波投入的比重也逐渐加大。

（3）品类处于成熟期。品类处于成熟期，消费者对品类已经相当熟悉，普及率也发展到接近极限，品牌之间展开剧烈的竞争，在行程上的趋势是更集中与更高比重。

（4）品类进入衰退期。衰退期品类，由于竞争导致利润的流失，行销空间缩小，媒体资源也随之受到影响，加上有些品牌退出市场，媒体行程趋势是逐渐回到导入期或成长期的平缓。

品类生命周期由导入到成长、成熟、直到衰退，在媒体行程上的演变，像是由平缓无波的水面，发展为小波小浪，再发展为大波大浪，然后再逐渐风平浪静。品类在不同的发展阶段，虽然呈现出较为一致性的行程趋势，然而品牌不一定必须依此趋势制定媒体行程，而必须结合行销策略、评估竞争态势及品牌媒体资源，作出综合考虑。

2. 新上市商品\既有商品。新上市商品与既有商品对行程设定的影响是，新商品知名度与使用率都处于建立中阶段，因此需要较为密集的行程以持续建立消费者对广告讯息的认知，既有商品则因消费者对品牌已有一定的认知，在此认知的基础上，可以安排较为宽松的行程。

商品发展阶段对行程设定的另一项重要影响为铺货因素。铺货影响消费者对产品或服务的取得性。对于铺货率未及一定比率的商品，媒体所建立的效果将大打折扣，特别是关心度及忠诚度较低、商品互相的取代性较高的品类。铺货与媒体的关系，就如以水桶提水，铺货为50%的产品，就像会漏50%的水桶，即提到目的地只剩一半的水,铺货达 70% 的产品,则会漏掉 30% 的水,即有 30% 的媒体效果将被浪费掉。

品牌在各不同的铺货阶段,媒体露出行程的考虑点为:

(1) 新上市阶段。商品铺货率尚未达到理想状况,媒体露出除了为接触目标消费者外,另一个目的为建立经销商信心以及鼓励进货,露出量则以低而持续为特点。

(2) 铺货完成期。铺货完成代表水桶基本上已经没有漏洞,一般即为媒体攻势发动时间。但在实际操作上,由于广告效果需要一定时间的累积,加上消费者作出购买决定所需要的时间,媒体露出通常采取前置方式,在铺货 60%～70% 时,即发动媒体攻势。

媒体行程在不同的商品铺货阶段与创意结合的常见做法是:在铺货期间以前导广告营造上市张力,以增加铺货完成时媒体露出的声势。

在竞争分析时,对于以行销方式操作的品牌,可以看出一个品牌从铺货、铺货完成,到发动媒体攻势的清楚的行程走向。

四、行销目标及策略

在竞争品牌分析的章节里,已经对品类投资的季节性进行了阐述,品牌的媒体行程策略规划即参照此分析结果,再根据行销目\策略加以制定。

媒体行程策略制定与行销态势的配合,关键的是下列 4 条曲线:

1. 整体品类消费曲线;
2. 整体品类的媒体投资曲线;
3. 本品牌的消费曲线;
4. 本品牌的媒体投资曲线。

媒体行程策略与行销态势配合,即根据 1 至 3 曲线制定 4 曲线。

第十五章 媒体行程设定 · 199 ·

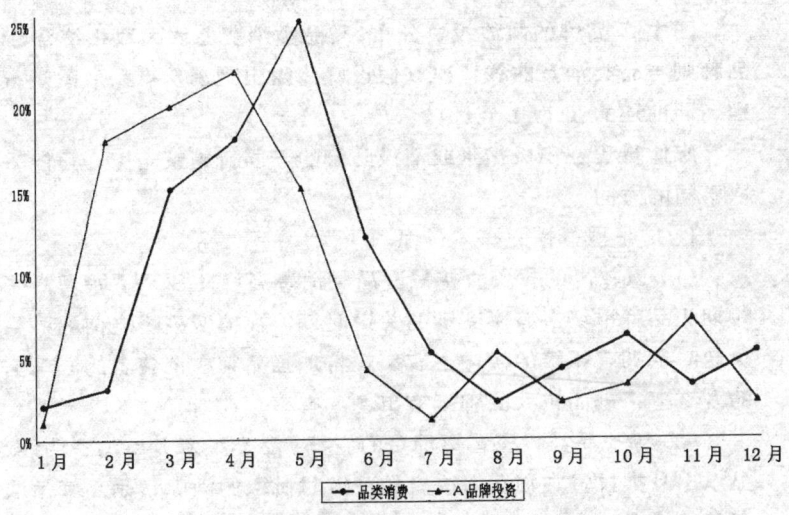

品类消费与品牌投资（Ⅰ）

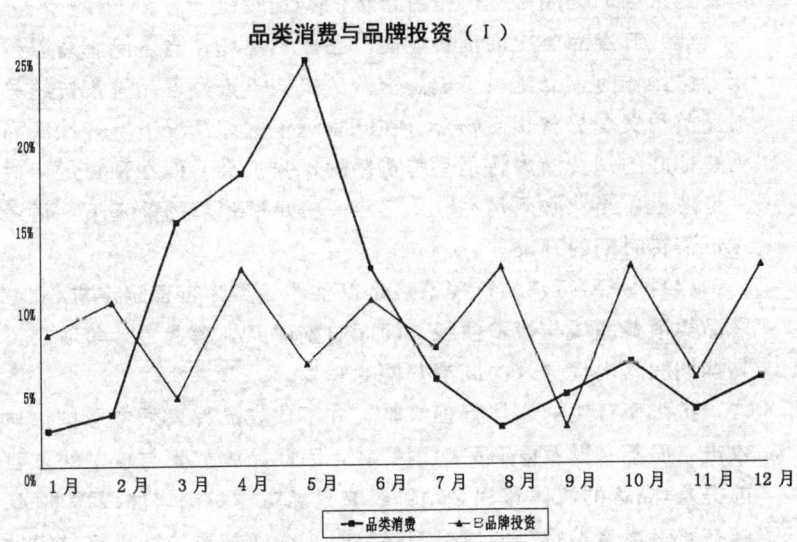

品类消费与品牌投资（Ⅱ）

图中A品牌的媒体投资分布,与品类消费曲线大致相符合,B品牌则与品类消费曲线背离(假设媒体露出到消费者采取购买行程,即前述的T为1个月)。

媒体行程在积极扩张或消极防御的不同行销策略下,可能采取不同的方向:

1. 扩张型行销的媒体行程。

(1) 以较高的投资直接抢占品类消费高峰期SOV。消费高峰时期为品牌市场占有率变动的关键时期,在消费高峰之前的购买决定时期拥有积极的媒体占有率,将加强品牌在消费者的心理上的占有率,进而扩大品牌既有市场占有率。

(2) 寻找品类投资背离消费的空档。品类投资背离消费曲线,显示出品类投资在消费者决定的关键时机上的间隙,是品牌争取消费的机会,为品牌提供抢占市场的有利时机。

(3) 开发品类次高消费期间。在成熟市场,当各品牌皆以行销导向操作时,品类投资偏离消费的机会不大,各品牌投资趋势与品类消费趋势将相当吻合。在旺季竞争饱和情况下,开发次高消费期间的消费潜力将是品牌重要的扩张机会,但在预算运用效率考虑上,当然必须是在旺季已经安排足够预算的前提下,再考虑低消费时期的开发。

(4) 扩张型行销的行程策略是以整体品类为行程制定重心。考虑品类消费曲线与投资曲线,即面对整体品类消费者,争取品类高峰期的露出优势及次高消费期的开发。

扩张型行销的媒体行程策略,并不代表品牌只须考虑扩张与攻击,而不必顾及既有品牌消费者,因此品牌扩张与攻击的重要前提是,品牌的媒体行程必须已经充分涵盖本身销售曲线需求。品牌在忽略本身消费群的情况下强行扩张,所招致的结果将是提供竞争品牌可乘之机,因此即使成功地开发新市场,所得到的也只是以既有市场换取新市场的结果,而徒然浪费资源。

2. 防守型行销的媒体行程。

（1）尽量符合本品牌消费曲线。防守型行销以巩固品牌既有消费者为主，因此应尽量符合本品牌的销售曲线，以防御竞争品牌乘机切入。

（2）尽量集中在品类消费高峰期间。消费高峰期意味大部分消费者在此时期作出购买决定，因此媒体在此时的投资报酬率将高于一般时期，竞争压力也将高于其他时期，因此防守型行销应把媒体投资行程尽量集中在消费高峰期。

（3）对防守型行销品牌，媒体行程策略顺序是：应先尽量符合品牌消费曲线，以集中资源于关键时机，再考虑品类消费及投资曲线，至于对竞争品牌的攻击，则通常不在考虑之内（否则即不是防守型行销）。

五、竞争品牌行程模式

消费者是从众多品牌中选出购买品牌，排除其他影响品牌选择的因素，就纯媒体而言，消费者的品牌认知主要来自在品牌和竞争品牌的媒体行程中一些相比对的因素：

- 大小：即谁的投放量大，谁的投放量小；
- 先后：即谁先投放，谁后投放；
- 时机：谁投放在重点时机。

大小问题属于媒体比重章节的讨论范围，而先后及时机问题则属于行程议题：

行程的先后及时机，主要仍需依不同的行销态势制定：

1. 积极型：

（1）针对设定竞争品牌的消费曲线，制定攻击型露出行程：在清楚辩认主要竞争品牌后，扩张型行销的行程策略方向是直接面对竞争品牌投资高峰期，以更高的投资量予以压制，或以适当的投资量稀释其广告效果。在行程的先后上，则可以采取前置方式，在竞争品牌媒体露出之前，发动媒体攻势，抢占媒体露出先先机，以期先于竞争品牌在消费者心中建立品牌印象。

（2）寻找竞争品牌投资背离本身消费曲线的空档：竞争品牌投资背离本身消费曲线，显示竞争品牌对自己的消费者，在关键诉求时机"放空"，因此也为本品牌提供品牌渗透的机会。

2. 防御型：

（1）尽量避免与竞争品牌直接对抗，即在同一期间安排媒体露出：防御型行销主要原因来自于品牌销售规模，媒体所能运用的资源相对受到较大的限制，在资源较少的情况下，媒体行程的策略方向将是避免与拥有较大资源的竞争品牌正面对抗，而应以"卡位"方式，争取资源运用的最佳产出。

（2）以集中方式，将投资安排在品牌购买关键时期，清楚地辨认品牌消费者购买的关键时机，并集中资源固守。（以上驷对中驷、中驷对下驷、下驷对上驷，争取3战2胜，是绝佳的策略范例）。

在竞争的环境中，由于攻击型品牌的互相超前，致使主要品牌的媒体行程渐渐偏离消费曲线，而使固守消费曲线的防守型品牌反而占有较大露出优势，然而为配合消费者购买决定行程，攻击型品牌最终也必将再回顾消费曲线，如此来回追逐，形成竞争剧烈市场环境中的有趣现象。

除了上述的考虑外，还应该避免紧接在竞争品牌或本品牌的促销活动之后，安排主题广告的媒体露出，以避免影响广告对销售产出的效果。

1. 促销活动所造成的结果为：
- 消费者购买量增加；
- 消费者因促销的吸引而提前购买。
2. 两种情形所造成的销售曲线变化为：

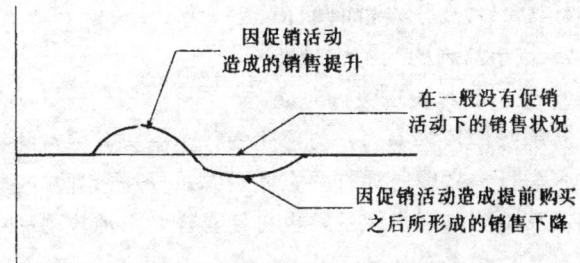

3. 因此在促销活动之后，将是销售的下降或购买周期的延长。

4. 在此期间的媒体露出对销售促进的效果将较为不明显。

六、预算大小

品牌全年预算的大小，将直接影响媒体行程策略，如前面到达率与接触频次章节里所述，媒体露出有一定的低限，低于此低限，媒体效果将大打折扣。

在绝大部分情况下，品牌所拥有的媒体资源将有一定的限制，即固定的预算。从商业营利的角度上看，品牌媒体投资，也势必不可能脱离行销与销售而无限制地扩张，因此在面对固定媒体资源时，媒体在投资时机上即必须面临取舍问题，也就是所谓的把预算花在刀刃上。

依预算大小制定行程策略的基本原则是：根据上述媒体比重低限的需求，在重点时期投入所需基本量为起点，再依扩张\防守及竞争压力对各类时期进行取舍和重要性排序，依次投入媒体资源，大致顺序为：

1. 品牌购买最关键时期；
2. 品牌购买次关键时期；
3. 品类整体购买最关键时期；
4. 品类整体购买次关键时期；
5. 品类投资最关键时期；

6. 品类投资次关键时期；

7. 竞争品牌购买关键时期；

8. 竞争品牌投资关键时期。

品牌媒体预算编列，与前述的行销态势有绝对的相关性，积极扩张型行销品牌所拥有的媒体资源，一般将比防守型品牌高,因此满足品牌防御需求之后，也将拥有较大余地攻击品类重心。

七、广告活动类型

不同的广告活动将需要不同媒体行程的配合，以加强活动效果。广告活动对媒体行程影响的内容为：

1. 新广告活动或是既有活动。新广告活动包括新上市商品的广告活动以及对既有商品进行重新定位的广告活动，既有活动则为已经在市场上露出一段时间的广告活动。新活动对消费者而言比较陌生，因此需要较频密的行程，特别是新商品上市的广告活动；既有广告活动，则因消费者较为熟悉，可以容许较疏淡的行程。在实际操作上，一般是以新上市为起点，安排从密渐疏的行程。

2. 新创意或是既有创意。同前述广告活动相同，新的创意在推出期间，需要较积极的推力，因此应该安排较密集的行程，而既有创意在消费者对讯息原有的认知度上，则只需要提醒式的行程。

3. 既有知名度。商品在市场上的既有知名度涉及媒体露出的起始点，即媒体在什么基础上开始建立广告效果。拥有较高知名度的品牌，等于从较高的起始点出发，所需要的行程密度较低，反之，知名度较低的品牌则因出发点较低，而需要较密行程。市场上各品牌上市时间不一，发展状况也存在差异，从成长角度而言，所有品牌皆必须经历低知名度阶段，市场上既有高知名度品牌也是基于过去的投资，才能创造出较为有利的起始点。

4. 形象塑造或是商品促销。形象塑造广告活动与商品促销广告活动在行程制定上的差异是，形象塑造广告的特质是改变消费者对品牌的态度与看法，而态度与看法的形成与改变需要较长时间，并非一蹴可就，加上形象塑造广告通常在促请行动（call for action）上效果较弱，内容也较为抽象，因此需要较长时间的理解，在媒体行程安排上，偏向低缓的连续方式。

商品促销广告活动指的是以商品具体利益点为诉求重点，直接销售商品的广告以及促销活动。商品促销广告通常较为具体地促请消费者采取行动，消费者也可以很清楚地了解广告的诉求，因此也比较容易对诉求内容作出反应，行程偏向以短促间歇为主，加上活动的时间性，通常需要在短期间内造成相当高的活动知名度，所需要的媒体行程将更为急促。

综合而言，形象塑造的媒体行程以滴水穿石为主，而商品促销广告则偏向强打急攻。

5. 讯息的复杂程度。广告讯息的复杂度，影响消费者对讯息认知的速度，简单的广告讯息，消费者容易认知与记忆，因此需要较短行程，复杂的讯息则需要较多时间来累积接触次数，因此需要较长行程。

八、媒体的特性考虑

媒体的涵盖、价格、干扰度、效率及取得性等，会有其季节性变化，媒体行程设定必须考虑上述因素，保守的作用是避免策略不能顺利执行，积极的作用则是可以提高媒体投资效果。

1. 媒体涵盖。媒体由于视听众的接触而产生涵盖面，而视听众在作息上的季节性变化，使媒体涵盖率也随之起伏。例如，冬天与夏天气温的区别，影响就寝时间及户外活动时间，因此使电视涵盖及户外媒体接触出现高低波动；旅游季节则因消费者花在交通工具上的时间变长使电视媒体涵盖与接触降低（但户外媒体接触可能提高）；月底\年底的普遍性忙碌，可能导致接触的降低；周末则可能在深夜时段仍有相当收视人口；学生阶层在寒暑假期间，由于空闲时间增加，可能提高对电视及电影媒体的接触。

特别的活动也可能影响媒体涵盖，例如在奥运会或大型运动比赛期间，媒体的报道常常可以吸引更多的视听众而提高媒体涵盖；在重大新闻发生期间，因社会大众的关心，也可能促使媒体接触的提高。

2. 媒体价格。各品类媒体投资曲线的差异，使媒体的投资量出现高低不同的投资淡旺季，在行销导向的媒体环境下，媒体单位面对不同程度的需求，经常以调整价格来吸引淡季投资或提高旺季获利，而导致媒体价格在不同供需季节上的波动。大致上的情形为广告需求量较大的旺季期间价格较高，需求量较小的淡季价格较低。然而所谓需求量是指所有品类的整体需求量，对个别品类而言，则存在进行价格与时机性权衡的空间，即在整体淡旺季价格调整当中，寻找出有利的投资时机。

3. 媒体干扰度。淡旺季的投资量需求所带来的另一影响为干扰度的不同，如前所述，干扰度加剧，将致使广告效果降低，因此除了投资的时机性考虑之外，与竞争品牌之间的互相干扰所抵消的露出效果，也必须列入行程考虑中，品牌竞争导致的超前行程安排，部分原因也是基于干扰度考虑。

4. 效率。媒体因涵盖率与价格的季节性变化，形成投资效率上的变化，即高涵盖、低价格、低干扰期间的投资效率，将比低涵盖、高价格、高干扰时期为高（此处所谈的为效率，而非效果）。

媒体涵盖、价格与干扰度高低的季节性差异，提供媒体人员的思考为，如何在涵盖、价格与干扰之间取得平衡。例如，季节性明显的商品应根据消费曲线安排行程，而对于较无季节性考虑的企业广告则应尽量利用高涵盖、低价格期间露出，以争取较佳投资效率。

5. 取得性（Availability）。媒体策略为媒体执行方案的根据，因此在制定策略时,即必须考虑实际操作的可行性,在实际操作层面上,是否可以取得符合策略条件的媒体,否则,将使策略无法执行。

媒体取得性的另一项考虑为,媒体在不同的淡旺季期间,可能因供需原因导致前置作业时间的差异,即必须提早一定的时间作业以取得要求的媒体。

九、其他活动配合及需求

基于品牌需要,品牌信息传播所运用的传播工具除了广告之外,还包括公关(Public Relation)、直效行销(Direct Marketing)、促销(Sales Promotion)、识别规划(Identity)、样品派送(Sampling)等,媒体行程的设定除了广告活动外,必须考虑与其他活动的配合,以使各传播活动集体产出加乘效果。例如:

· 利用对零售商促销,在零售商进货与销售意愿较高期间推出商品广告,以造成拉力与推力的结合,集体促进商品销售。

· 在企业改变识别系统时,安排品牌广告露出,以较大媒体声势,营造企业与品牌的地位。

· 在信用卡推广活动中,以信用卡申请表寄出时间结合媒体露出,形成下列结构:

媒体露出
申请单寄达

——前置媒体露出的目的为吸引消费者注意,刺激需求,并酝酿申请动机;

——在消费者动机酝酿当中,申请单寄达,及时地与广告配合,促使消费者采取申请行动;

——申请书寄达后,再安排媒体露出,持续促请申请行动;

——行程的安排,配合消费者的消费时间性,安排在月底与月初期间露出,以充分利用购物用卡机会较多及经济较充裕的时机。

十、执行层面上的考虑

媒体执行层面上的考虑包括所有媒体露出前的准备工作，即创意材料准备所需的时间和户外媒体建筑工期、材料更换的作业时间、审批所需时间、定位期限、付款期限及材料送达期限等。

影响媒体行程的另一项重要因素为法令限制，如卫生棉广告播出时段的限制以及酒类广告的限制等。

缺乏执行层面考虑的行程策略，在现实媒体环境中，将难以确实执行。

第二节　常见的媒体行程模式

媒体在全年由露出与间断所组成的露出方式称为媒体行程模式。讨论行程模式主要的目的是为品牌依行销及传播的需要以及遗忘曲线的差异，在固定资源的情况下，制定最有效的资源分配方式。

一、媒体行程模式

媒体的行程模式，基本上可以分为下列3种类型：

1. 连续式（Continious）。指全年无休、没有高峰、低谷的媒体露出方式。所谓全年无休并不一定是每天都必须有媒体露出，而是全年当中没有出现具有影响的空档（约2周），没有高峰、低谷，且露出比重没有明显的差异。

2. 栏栅式（Flighting）。指时上时下的露出模式，广告波段之间出现显著的空档，当然每个波段的比重并不一定必须完全相等。亦称跳跃式，或间歇式。

3. 脉动式（Pulsing）。介于持续式与间歇式当中，全年露出但在露出的高低上存在显著的差异的行程模式。

二、3 种主要模式图解

以全年 52 周，2600 总收视点（GRP）的固定投资额为例，3 种不同的露出模式为：

1. 连续式：每周以 50GRP 的连续方式露出，全年的总收视点为 2600。

2. 栏栅式：以数周组成的广告波段，间以广告空档方式露出，全年累积总收视点仍为 2600。

3. 脉动式：全年 52 周持续露出，但每广告波段所投入 GRP 具有显著的高低差异，全年总收视点仍为 2600。

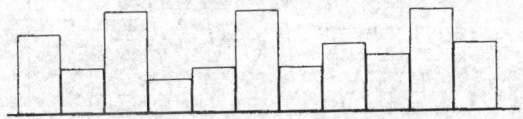

3 种模式的投入资源皆为 2600 个收视点，但在记忆建立与遗忘曲线上则有所差异。

说明：

广告波段（Burst）：指广告露出由开始到结束的一个波段。

广告空档（Break）：广告波段与波段之间的空档时期。

广告期间（AD Period）：广告波段持续的时间长度，在计算上通常是以周为单位。

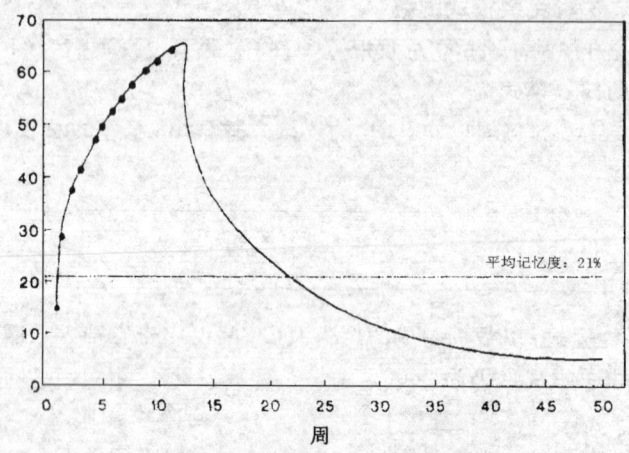

连续 13 周露出的全年记忆度变化

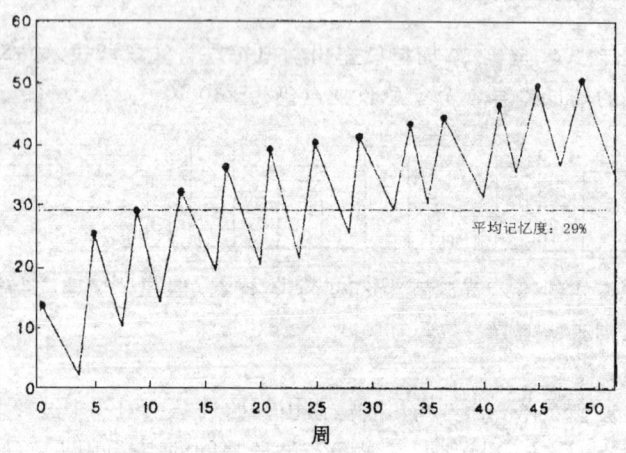

上 1 周空 3 周模式的全年记忆度变化

第十五章 媒体行程设定 · 211 ·

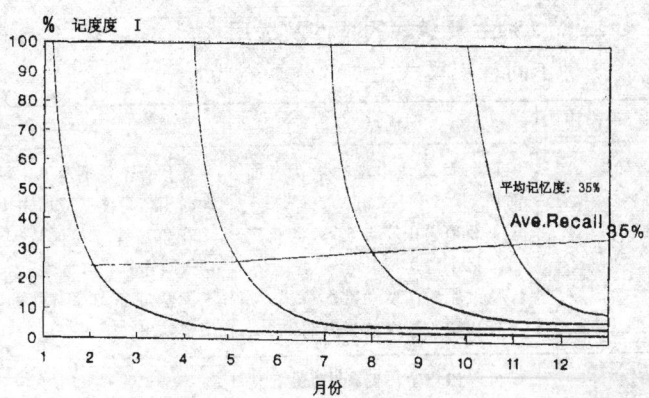

如果出现三个月以上的空档（90天），则第二波
广告的记忆度几乎是从起点开始

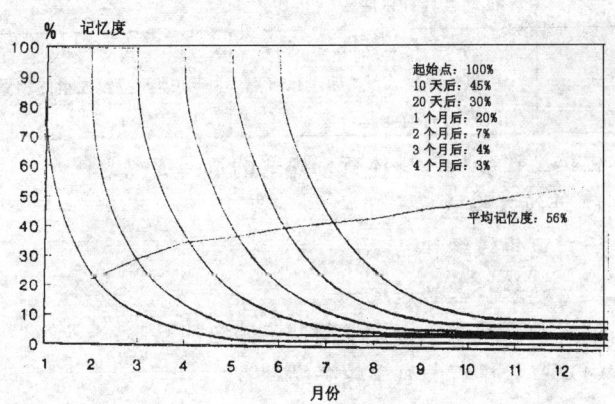

在每个月重复露出下，认知建立在过去残留在记忆上，
而全年呈现成长现象

三、3种主要模式的特性及选用

3种不同行程模式主要的优缺点为:

行程模式	优点	缺点
持续式	·广告持续地出现在消费者面前; ·不断地累积广告效果,防止广告记忆下滑; ·持续刺激消费动机; ·行程涵盖整个购买周期。	·在预算不足情况下,采取持续性露出,可能造成冲击力不足; ·竞争品牌容易挟较大露出量切入攻击; ·无法应品牌季节性的需要而调整露出。
栏栅式	·可以依竞争需要,调整最有利的露出时机; ·可以配合铺货行程及其他传播活动行程; ·可以集中火力以获致较大的有效到达率; ·机动且具有弹性。	·广告空档过长,可能使广告记忆跌至谷底,增加再认知困难度; ·有竞争品牌以前置方式切入广告空档的威胁。
脉动式	·持续累积广告效果; ·可以依品牌需要,加强在重点期间露出的强度。	·必须耗费较大量的预算。

根据上述分析,媒体行程模式的选择要点为:

1. 连续式模式适合于:
(1) 竞争较缓和品类;
(2) 高关心度品类;
(3) 购买周期较长,或周期不固定的品类;
(4) 广告投资占有率较高品牌;
(5) 消费季节性不明显或不明确的品类;
(6) 形象建立广告活动。

2. 栏栅式模式适合于:
(1) 竞争剧烈品类;

(2) 关心度较低品类；
(3) 购买周期较短且周期明显的品类；
(4) 明显的消费季节性的品类；
(5) 预算受到较大限制的品牌；
(6) 促销广告活动。

四、媒体行程组合

媒体人员在制定行程时，有时面对主题广告与 SP 活动的配合，或品牌下拥有多项商品时的行程组合问题。

在主题广告与 SP 活动的组合上，消费者对讯息的接触可以分为下列状况：

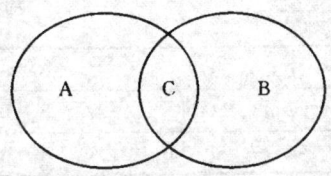

· A 群消费者只接触到主题广告，造成的传播结果是，消费者不知 SP 活动，因此 SP 对他们无法产生购买刺激效果；

· B 群消费者只接触到 SP 广告，造成的传播结果是，缺乏商品利益诉求，使 SP 活动缺乏商品力支撑；

· C 群消费者接触主题与 SP 广告，但先 SP 后主题，产生的结果是在消费者接触 SP 广告后，主题广告露出的意义将不明显；

· 最佳接触状况为消费者接触到主题与 SP 广告，且先主题后 SP。对消费者的说服程序，应为先强调商品利益，然后再以提供额外优惠刺激购买，因此先主题后 SP 为较佳接触状况。

针对上述接触状况分析，为造成理想接触状况，在行程安排上应以不重叠方式安排，即采取先主题后 SP 的媒体行程，或将主题与 SP 结合在一起同时露出，以避免前三种状况的发生。

品牌拥有多项商品，各商品在媒体行程的结合上，除了依消费季节性、行销策略、竞争行程等因素制定各商品的行程策略外，必须同时整合品牌下所有商品以使整个品牌在全年能有持续性的露出,即以各商品接力方式形成品牌在全年上的露出,在此状况下,必须顾及个别商品广告空档的缩短以避免记忆曲线跌入谷底,因此在行程上,可以出现以下组合(假设品牌旗下拥有 3 种不同商品):

1. 每商品各上 4 周,如此即出现 8 周空档(空档的 8 周为其他商品的广告露出期间)。
2. 每商品各上 3 周,如此则出现 6 周空档。
3. 每商品各上 2 周,如此则出现 4 周空档。

假设 A、B、C 各为品牌旗下的 3 种商品,3 种行程方式所形成露出如下图:

A	A	A	A	B	B	B	B	C	C	C	C	A	A	A	A
A	A	A	B	B	B	C	C	C	A	A	A	B	B	B	C
A	A	B	B	C	C	A	A	B	B	C	C	A	A	B	B

3 种行程组合模式所形成的遗忘曲线,对整个品牌而言没有差异,但对个别商品则将有所不同。第一种组合模式所形成的遗忘曲线类似大卷烫出的头发,即建立的记忆度较高,然而间隔较长,导致遗忘曲线消退至谷底;第三种模式则类似小卷烫出的波浪,建立的记忆相对较低,但间隔较短,使遗忘曲线还在较高的水平上即开始另一波的记忆建立。组合的模式并没有绝对的好坏,媒体人员在运用上可以根据品牌的消费特性及竞争状况加以调整。

结论与提示

1. 必须了解消费季节性与销售季节性因品类不同而存在差异。
2. 必须了解消费行为及其他变数如何影响消费及销售曲线。
3. 分析特殊时机(节假)对销售、消费、媒体等的影响。
4. 了解购买决定与实际购买的时间差。

5. 考虑品牌忠诚对行程模式选择的影响。

6. 了解竞争的敌我态势。

7. 了解品牌在新上市期与维持期的不同需求。

8. 不同的露出模式产出不同的记忆建立与衰退。

9. 检查过去投资行程模式对广告记忆及销售产出的对应影响。

10. 针对不同的行销策略及资源大小制定适切的投资行程。

11. 记住：人们会忘记。

12. 消费者不会对品牌所传送出的媒体露出照单全收。

日期	1	2	3	4	5	6	7	8	9	10	11	12	13	14	15
媒体露出	X	X	X	X	X			X	X	X	X	X			X
消费者A	X	X		X						X					
消费者B							X							X	
消费者C	X														

媒体安排的15次露出中，A消费者接触其中5次，B消费者接触2次，C消费者则在15次的露出中仅接触过1次。

第十六章 媒体投资优先顺序的制定

策略优先顺序主要是讨论在资源运用上,根据行销及媒体目标达成的重要性,制定前述各策略要项的优先顺序,主要目的是确保资源被运用在最有效项目上,并确定当预算增加或减少时的投资方向。

到达率、接触频率、媒体行程、诉求对象、媒体市场涵盖在预算固定的条件之下所形成的相互关系如下图:

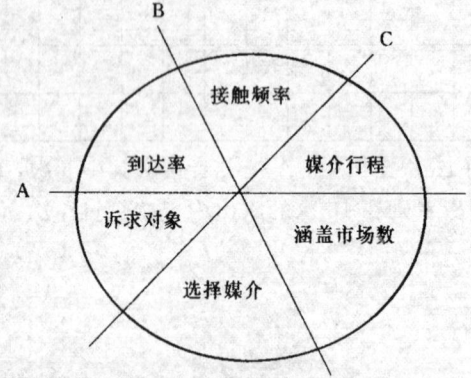

• 圆形区域代表固定的媒体资源。
• 在资源固定的情况下,到达率、接触频率、媒体行程、媒体所涵盖的市场数、媒体选择与诉求对象之间,将形成取舍关系:

1. 通过 A、B、C 线的旋转偏移将形成媒体资源分配在各策略项目上的取舍;

2. 当媒体以到达率为优先目标时,接触率、媒体行程及涵盖市场数等因素将受到影响,即 A 线条往下移动,B、C 线条往左移动;

3. 当媒体以涵盖市场数为优先考虑时,到达率、接触频率、媒体行程等也将因之受到相当限制,即 A 线条往上移动,B、C 线条往右移动;

4. 同样情形,当采取连续式行程时,则到达率、接触频率与媒体行程等也将受到影响,即 A 线条往上移动,B、C 线条往左移动;

5. 媒体投资优先顺序的任务即在平衡此 6 个策略象限,终极目的仍为行销与媒体目标的达成。

优先顺序的制定,基本上包括下列程序:

(1) 策略象限的分解;

(2) 目标的确认;

(3) 制定优先顺序。

一、策略象限的分解

根据上述各种不同的媒体策略,各象限内的重要性分级,已经被清楚地制定,而优先顺序的制定主要为跨象限的评估。在评估上,可以先将阶层设定、媒体选择、地理性考虑、行程设定以及到达率与接触频率目标等各象限分解为如下等级:

A. 对象阶层	A-1. 主要目标对象	A-2. 次要目标对象(1)	A-2. 次要目标对象(2)
B. 地理性考虑	B-1. 一级市场	B-2. 二级市场	B-3. 三级市场
C. 媒体选择	C-1. 主要媒体	C-2. 次要媒体	C-3. 辅助性媒体
D. 媒体行程	D-1. 高度频密	D-2. 中度频密	D-3. 疏松
E. 到达率	E-1. 高标准	E-2. 中标准	E-3. 低标准
F. 接触频率	F-1. 高标准	F-2. 中标准	F-3. 最低投资限制

通过对策略象限的分解、优先顺序制定的任务,即是将表中所列 A-1 至 F-3,依其对目标达成的重要性排列出顺序。

二、目标的确认

优先顺序制定的根本目的为确认设定目标的达成,因此在优先顺序制定之前,必须先确认目标,以避免方向的偏离。

1. 在行销目标与策略上:

· 采取积极扩张,还是维持既有状况?

· 扩张的来源是行销所涵盖区域的扩大、各市场消费者数量的增加(新消费者或竞争品牌消费者)、人均消费额的提高,还是增加旺季销售或提高淡季销售?

· 对各级市场是否因市场开发程度与品牌所处状况上的差异,而采取不同的策略?

2. 在媒体目标上:

· 是建立广泛知名度、加强未提示知名度,还是提高第一提及知名度?

· 是提高对商品的理解还是刺激商品使用?

三、制定优先顺序的原则

在确认目标后,各策略象限的优先顺序即可较清楚地显现:

1. 维持既有状况的品牌,应以固守第一线的核心为主,即在一级市场、运用主要媒体、针对主要目标对象、以较高行程密度、传送高到达率与接触频率。

2. 寻求扩张型的品牌,地区扩张的策略除了上述的核心之外的次优先顺序,应为二级市场的主要目标对象,以主要媒体传送较高频率,再争取行程上较为密集的露出。至于到达率,如果品牌在该市场的占有率较低下,则不必安排过高到达率。再次的优先顺序应为二级市场的次要消费者。

3. 以各既有市场为主,寻求消费者数量的增加,其优先顺序将仍以核心的第一线为最高优先,但在扩张发展上,则以所有目标对象的到达率与接触频率为主,对二、三级市场的扩张,将被列在较后面位置。

4. 同样情形，在媒体目标上，如以广泛知名度为主，则应以主要媒体对所有消费者传送高到达率与中度接触频率为主，再安排较密行程，然后寻求市场扩张。

5. 如商品理解为目标，优先顺序则为：尽量运用所有媒体传送高接触频率，再寻求广度的到达率，然后再安排较密行程以及地理上扩张。

四、优先顺序制定的方法

1. 第一级的作业是先从整体策略象限以单纯的一对一比较的方式分出高低，然后再陆续加入其他象限，并排列其重要性顺序。

2. 第二级的作业为将上表 X-2 的项目循第一级作业方式陆续加入排序明细中。

3. 同样方式，进行第三级作业，即把 X-3 的项目接着加入排序。

4. 在排序当中必须随时回顾行销及媒体目标，并思考不同的排序可能产生的结果，以寻找出最合理的排序，并确认优先顺序制定的正确性，避免产生偏差。

第十七章　媒体执行方案的确定与评估

第一节　媒体执行方案的确定

媒体执行方案为根据媒体策略发展出可以执行的确切、具体的计划，在作业上包括：
1. 媒体目标与策略的回顾；
2. 了解目标消费群媒体接触习惯；
3. 媒体评估及选择；
4. 形成媒体执行方案；
5. 替代方案的制定与选择；
6. 回应策略的达成。

一、媒体目标与策略的回顾

在开始媒体执行方案的作业之前，必须重新回顾媒体目标和媒体策略。

· 媒体目标：

针对所有品牌使用者，持续传达 X 品牌使用的方便性，以提高品牌选择机会。

· 目标对象：

既有品牌消费者以及竞争品牌消费者。

女性，35 岁至 54 岁；积极外向型。

· 地理性：

A 级地区：50%

B级地区：30%
C级地区：20%
· 媒体选择：
新闻性：40%
商业性：30%
旅游性：30%
· 到达率与接触频率：
A级地区：85%（到达率），8（接触频率）。
B、C级地区：75%（到达率），6（接触频率）。
· 媒体行程：
脉动式，重要季节加强比重；
第一季：30%，第二季：36%，第三季：20%，第四季：14%。
· 媒体预算：52 000 000元。

二、了解目标消费群媒体接触习惯

分析对象阶层在不同媒体类别的接触习性，即昨日（过去7日）收看电视，昨日（过去7日）阅读报纸、收听广播及阅读杂志等。

目标对象的媒体接触习惯，一般通过以下的指标进行描述：

		一般大众	对象阶层	指数
电视	昨天收看电视（%）	82	85	104
	过去7天收看电视（%）	90	92	102
报纸	昨天阅读报纸（%）	65	82	126
	过去7天阅读报纸（%）	72	87	121

续表

		一般大众	对象阶层	指数
广播	昨天收听广播（%）	53%	45	85
	过去 7 天收听广播（%）	65	54	83
杂志	上周阅读杂志（%）	32	54	169
	上月阅读杂志（%）	45	65	144

说明：周刊为上周及过去 1 个月，月刊则为上个月及过去 3 个月。

三、媒体评估及选择

媒体评估与选择作业的主要内容为：

1. 分析不同媒体类型对广告目标与策略的适切性；
2. 同一媒体类别内的不同载具在量上与质上的比较，比较的项目包括涵盖率、视听众组合、CPM 媒体质的评估等。（关于媒体评估，请回顾前面有关章节。）

四、形成媒体执行方案

媒体执行方案的形成，主要是根据策略优先顺序，以渐进方式逐渐投入媒体预算，直到预算满额，例如：

· 对主要市场的主要对象阶层以脉动式方式投入足够媒体量。

· 再对主要市场的次要对象投入栏栅式行程。

· 依次投入媒体资源。

· 思考运用媒体组合的必要性；运用媒体组合的优点：

—— 获致媒体之间相乘效果。例如，以广播延续电视的广告印象；或以媒体分工方式，赋予媒体不同的功能，而整体组合成传播网。

—— 提高到达率。在单一媒体到达率建立的极限上，使用其他媒体以提高整体到达率。

——平衡重、中、轻级对象阶层在媒体接触上的比重。

· 在运用媒体组合时,必须特别注意下列事项:

——在主要媒体安排足够的预算后,再考虑其他媒体;以免过度分散资源形成各媒体投资不足。

——注意,使用两个一半的媒体不等于使用一个完整的媒体。

· 必须考虑实际作业中所需要的前置时间,以避免计划确认却无法执行。

五、替代方案的制定与选择

任何既定媒体策略下,都可能发展出数个具有比较意义的执行方案,媒体执行方案可以从下列角度加以变化:

1. 尝试不同的媒体组合所造成的 GRP、到达率、接触频率及 CPM 上的变化,以及对重级、中级和轻级消费者媒体传送量上的差异,从多种方案中选择效果最优的一种。

2. 不同尺寸\长度的创意材料在组合运用上的变化,评估各种情况对媒体计划在量与质上的产出的影响。

3. 行程与地区策略可能的弹性变化。

4. 思考执行上任何可能的创新做法,如节目交换(Program Syndication)、节目赞助(Sponsorship)、长期合约及折扣(Master Contract)、路障(Road Block)等。

六、回应策略的达成

在确定执行方案后,必须以预估方式检视各方案对策略的达成度,并根据对策略的达成度,选择其中最适切的方案加以确认,作为年度媒体执行的依据。

结论与启示

1. 执行方案为依据策略连续取舍的结果,并不存在完美的执行方案。

2. 媒体执行方案不只是计算的结果,必须利用想象空间,以创新的方式进行作业。

3. 不盲目遵循数字，必要时必须根据专业知识和经验作出判断。

4. 注意媒体类别、载具、创意材料之间的组合变化及对效果产出的影响。

5. 随时准备改变，必须意识到竞争、消费者及媒体市场等随时在变化中，因此并没有所谓"完成"、不必再作任何更改的方案。

第二节 媒体计划的评估

媒体计划的程序，经过分析、思考、取舍，提出媒体计划，媒体计划经广告主确认后，即成为媒体执行（购买）的根据。然而经确认的媒体计划，却不应一成不变地加以墨守，而必须根据市场变化、竞争环境的改变、销售反应、预算增减以及对实施结果的检视等加以修正，如此，才能使计划"活"在现实的环境中。

在前述变化因素中，媒体主要操作的项目为竞争品牌媒体投资的评估以及媒体计划实施结果的回顾，以作出相应的计划修改，其所形成的作业循环如下图：

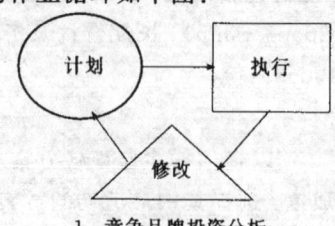

1. 竞争品牌投资分析
2. 实施结果评估

一、竞争品牌媒体投资分析与评估的主要作业

1. 分析整体品类及重要竞争品牌的投资额、成长率、占有率、地区分布变化、各市场投资品牌数、季节性投资形态、媒体类别及载具的使用等,以了解媒体竞争状况的改变。

2. 评估竞争品牌在媒体投资上的变化对本品牌所带来的影响。

3. 检讨本品牌在媒体计划上是否应该采取对策及所应作出的修改。

(有关竞争品牌分析,请参考前面章节)。

二、实施结果评估

媒体计划实施的目的在产生传播结果,而结果的产生涉及计划的准确性以及实施的完成度,因此在检视上,即应根据实施结果,针对作业内容上的关键衔接点加以查验。

1. 媒体执行检视,即下图 A 点的检查。

媒体执行是接续媒体计划,将计划放诸媒体市场执行购买的动作,因此检视的重点为计划执行的完成度,检视的内容包括:

(1) 检视计划 GRP 与执行 GRP 的差异。

(2) 计划到达率、接触频率与实际获致的到达率、接触频率之间的差距。

(3) 实施结果对有效到达率的完成度。

(4) 检视媒体传送的浪费度。

(5) 计划与实施 CPM 数值上的对比。CPM 的对比所显示的结果,经常被列为购买效率评估的一个指标。

* 此处所定义的购买,包括媒体载具评估与选定、月份媒体排期表(CUE 表)的形成,以及执行 CUE 表、到档次(Spot)或刊载(Insertion)的出现(On air)。

(6) 检视媒体使用的适切性,例如:

不同媒体载具计划完成度检视

载具形态	计划（%）	执行（%）	完成度（%）
A类	50.0	55.0	110.0
B类	25.0	26.0	104.0
C类	12.5	10.0	80.0
D类	12.5	9.0	72.0

（7）检视地区分布的准确性，例如：

媒体地区传送量（Gross Impression/GRP）计划完成度检视

地区	计划（%）	执行（%）	完成度（%）
A	51	47	92
B	24	27	111
C	17	16	90
D	8	11	142

（8）检视季节分布状况，例如：

媒体季节传送量计划完成度检视

季节	计划（%）	执行（%）	完成度（%）
第一季	24	22.6	94
第二季	23	22.6	98
第三季	26	27.4	105
第四季	27	27.4	101

2. 媒体策略检视，即前面的图B点的检查。在检视执行对计划的达成度后，应该进一步检视计划的准确性。策略的检视，与

购买执行检视集中于计划与实施的对比不同,而偏向从整体广告对行销的产出的角度加以评估,亦即购买执行评估较偏向于"对错"的检定,而策略评估则侧重于"好坏"的判断。

策略评估主要运用的方式为广告效果追踪调查(Tracking Study),借由调查的结果修正媒体计划的方向。

从媒体露出所建立的净到达率与销售产出的关系如下图:

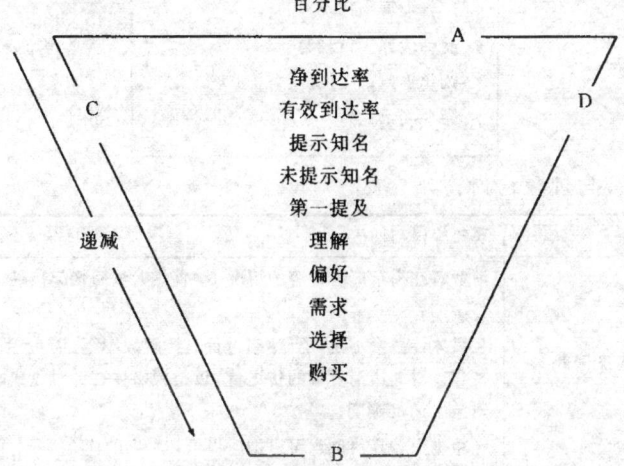

(1) 图形的宽度代表各层级所获致的百分比。

(2) 从媒体涵盖所提供的净到达率至销售的产出,呈现出层层递减的现象,而形成上面的倒梯形图形。

(3) 理想的图形为接近长方形,即 A 线与 B 线的长度相当(最理想的图形为长方形,但事实上不可能)。

(4) 在现实的环境中,两边的斜线(即 C、D 线)将因品牌在各层级所获致的百分比的落差,形成锯齿状,而不会如上图的直线;各品牌的锯齿也将因品牌在行销、传播与媒体表现上的差异,而呈现不同的锯齿。

根据上述倒梯形的形成及各层级的影响因素,广告追踪调查的主要功能即在检视呈现锯齿下陷的层级，以检视出问题所在，从而借问题的解决，铺平锯齿的下陷，使倒梯形能尽量接近长方形。

一份追踪调查报告：

> 1. 提示知名：32.6%
> 2. 未提示知名：20.3%
> 3. 第一提及知名度：15.1%
> 4. 广告理解：12.8%
> 5. 品牌偏好：11.3%
> 6. 购买意愿：5.1%
> 7. 实际购买：2.2%

报告检视与现象检讨：

调查结果	现象检讨与回应
提示知名度偏低	消费者在提示广告内容的情况下，仍然无法回忆起接触过该广告。 ·媒体传送量不足，到达率过低与接触频率不足，应检视媒体对周边消费群的传送量，以检视媒体在针对设定对象上的准确度。 ·冲击力较高的创意可以加速提示知名度的建立。
提示知名度高 未提示知名度偏低	消费者在提示广告内容的情况下可以记忆起接触过该品牌广告，但在毫无提示情况下则无法主动回忆起接触过该广告： ·拥有足够到达率，但接触频率未能达到使消费者足以记忆的程度，应将频率的水平加强至足以让消费者对广告讯息产生主动性记忆。 ·创意的冲击力对消费者的主动回忆将扮演相当重要角色。

续表

调查结果	现象检讨与回应
未提示知名度高 第一提及知名度偏低	消费者对品牌广告已经产生主动记忆，但是对竞争品牌广告的记忆则强过对本品牌的记忆。 ·必须检视本品牌与竞争品牌在频率上的差异，并将传送频率调整到具有竞争力的水平。 ·检视媒体行程安排所出现的空档及记忆曲线的衰退情形，并作必要调整。 ·创意对消费者的说服力以及相对于竞争品牌的冲击力，将影响广告在消费者记忆上的排名。
第一提及知名度高 广告理解度偏低 （*）	消费者对广告形成主动性记忆，且记忆强过竞争品牌，但对广告品牌及创意所传送的关键讯息则未能理解。 ·检视所选用的媒体类别与载具是否具有完整承载创意讯息的能力。 ·创意的表现对理解度将扮演主导角色。检视创意表现在品牌强调（Branding）上是否足够，对关键讯息的呈现是否清楚。
广告理解度高 品牌偏好度偏低	消费者完全理解品牌广告，对创意的关键讯息也完全理解，但是不喜欢该品牌或广告： ·品牌偏好主要来自于消费者对创意诉求的认同，消费者对品牌的好恶，将来自创意的诉求，因此必须检视创意对消费者利益点的掌握是否深入。 ·检查媒体对象阶层的心理层面与创意对象阶层是否出现不一致现象。 ·检讨品牌在消费者使用经验中所造成的负面印象。
品牌偏好度高 品牌购买意愿偏低	消费者为广告所说服，对品牌产生偏好，但并不想购买。消费者对品牌产生偏好后，对商品是否产生需求，主要的影响因素为： ·消费者是否觉得需要该类产品。 ·消费者对本品牌与竞争品牌相较下的整体综合价值评比结果。 ·创意在消费者利益点上的说服力也扮演影响角色。 ·检视媒体在行程安排上是否契合消费者对商品需求的时机。

续表

调查结果	现象检讨与回应
品牌购买意愿高 实际购买比率低	消费者对品牌已经产生需求，也决定购买本品牌，但最终结果则是选择竞争品牌或未购买。 ·商品价格将决定消费者在经济条件上能否负担。 ·铺货是否完整，是否方便消费者对商品的取得，也扮演重要角色。 ·促销活动、零售点商品陈列、促销物以及专业人员的建议将扮演临门一脚的作用。 ·检视媒体是否将投资重心安排在较具购买力的市场。 ·检视媒体行程安排是否配合铺货进度。

＊第一提及与广告理解度：在高低上，第一提及并不必然比广告理解度高，对于商品购买的关联性，也并不必然是理解度的关联性较强，主要须视品类关心度对购买行为的影响（即冲动型购买或慎虑型购买）而定。对冲动型购买形态的品类，第一提及与商品购买的关联性较强，而对慎虑型品类则理解度与商品购买关联性较强。因为关心较低的品类，消费者在不了解品牌的情况下即可产生偏好，而直接作出购买决定，但对慎虑型品类，则必须在消费者（自认为）对品牌具有相当了解的情况下，才可能产生购买行为。

广告追踪调查在执行上，是以定时方式在固定地区进行，调查的意义在于各次测试所得数据的起伏差距比对。对媒体而言，由于所测得的结果是对整体产出的评估，因此可以作为媒体计划与执行整体绩效综合测定的手段。

三、媒体策略制定失当的表现

媒体人员在作业当中，除了从正面思考品牌制定最具产出效果的媒体计划外，从负面思考角度，也应注意避免下列的策略失当：

1. 当对象阶层设定出现误差时。

·知名度无法集中于最有销售潜力的消费群；

- 未提示知名度偏低；
- 无法针对具销售潜力的阶层进行诉求、创造需求，导致购买率低。

2. 当媒体资源在地域分配上失当时。
- 将媒体投资到较不利的地区，导致需要与购买的偏低；
- 未与铺货配合，导致购买率偏低；
- 过度分配造成各个地区投资都不够。

3. 当媒体选择不够精准时。
- 创意传达不够完整，而降低品牌理解度；
- 降低品牌偏好；
- 传播速度较慢，无法及时传达讯息。

4. 当比重设定失当时。
- 因到达率过低，无法建立广泛知名度；
- 接触频率过低，导致提示或未提示知名度偏低；
- 接触频率缺乏竞争优势，广告为竞争品牌所淹没，使品牌在消费者的提及当中未能名列前茅；
- 投资过高传送量，而丧失行程上的优势。

5. 当行程设定错误时。
- 导致记忆曲线降至谷底，不易有效地持续建立知名度；
- 与购买决定行程有出入，不易产出销售效果；
- 在竞争中丧失品牌优势。

第十八章　　媒体预算制定

广告界有一句名言是：

"我知道我的广告预算中50％是被浪费掉的，但是我不知道是哪50％。"

一、广告投资销售与利润的关系

商业的本质是以较少资源投资换取较大营收回馈，广告投资也是希望造成销售或利润的成长。因此，在制定媒体预算之前必须先要意识到广告投资、销售与利润之间的复杂关系。

1. 广告与销售成正相关，但相关性递减。广告促使消费者产生购买动机，并提高品牌被选择机会，因此能促进商品销售的提升。但是每单位的广告投入对销售的产出将随投资的提升递减。即投入100万、第二个100万、第三个100万，对销售的产出并不等值，而形成递减的趋势。

2. 品牌在广告投入较少，且拥有较大回收的阶段，所获得的利润较高；当广告继续投资，但销售并未成等比率上升时，销售量虽然提高，但利润则渐渐下降。

3. 销售在达到一定极限后即不再成长（即市场占有率不可能到达100％），广告再继续投资，终将使利润下降到亏本的程度。因此占有率最高的品牌并不必然是利润最高的品牌，利润最高的品牌也通常并非占有率最高的品牌。

广告投资、销售成长与利润之间的关系如下图：

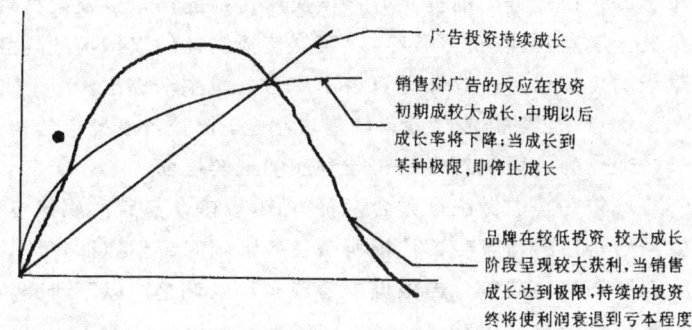

4. 广告对销售的影响程度会因不同的品类或品牌而有所不同。

既有品牌相对于新品牌；

高单价商品相对于低单价商品；

冲动型购买相对于慎虑型购买；

使用与购买频率上的差异。

二、媒体预算制定的角度

媒体预算占有广告费用的大宗，因此在媒体作业中，媒体人员必须为品牌制定合理的媒体预算。在媒体预算的设定上，存在两种不同的角度：

1. 行销角度。主要的观点是媒体为行销的一环，媒体投资的终极目标为行销任务的达成，因此媒体预算仍应属于行销预算的一部分，即使媒体预算可能占行销费用相当高比例，仍然必须从行销的角度加以制定，因此广告公司的媒体预算将由广告主告知。

优点为：由行销层面加以制定，符合行销需求，在预算上较不致于偏离销售现实。

缺点为：根据行销及销售制定的广告预算，可能忽略媒体竞争环境及传播所需。

2. 媒体投资角度。媒体投资角度在品牌所处市场环境以及被赋予的传播任务的前提下，根据品牌传播的需求以及媒体环境的状况，制定媒体投资额度，以确保传播功能的发挥，达成品牌所赋予的传播任务。媒体预算将由广告公司主动提出。

优点为：根据传播效果的需求制定，比较可以确保传播产出。

缺点为：可能忽略销售与利润的现实层面。

比较完整的做法是整合两种方式，以确认品牌的媒体投资，即根据行销目的与策略、传播所负任务，同时评估媒体环境，提出品牌所需媒体花费，再根据销售现实加以调整。以下所介绍的方式将从这一角度出发。

三、制定媒体预算的方法

媒体预算的制定，使用的方法主要有下列几种：

1. 媒体投资占有率\市场占有率，即 SOV\SOM。从与市场占有率相对应的角度去制定媒体投资占有率，然后计算出所需预算。

SOV（Share of Voice）：媒体投资占有率（品牌投资额/品类投资额）。

SOM（Share of Market）：市场占有率（品牌销售量/品类销售量）。

基本假设为：

（1）媒体投资占有率与市场占有率成正相关，即媒体投资占有率越高，其市场占有率将随之越高。

（2）各品牌在行销上的条件大致相当，即各品牌在产品力、包装、铺货率、价格等因素上没有太大差距。

（3）各品牌在媒体预算运用效率上大致相等，各品牌的每单位媒体投资额对销售产出的贡献大约相同。

（4）各品牌在 A&P * 运用比率上没有显著差异，品牌对于整体促销费用的运用手法及预算大约相等。

＊A&P（Advertising & Promotion）比率：A & P 为所有广告与促销活动的预算，A & P 比率指广告与促销活动在预算分配上

所占的比率。品牌因行销策略的差异，在 A&P 预算的运用上将会有比率的不同，有些品牌以广告为主要促销手段（即偏重于 Above the line），有些品牌则以促销活动为主（偏重于 Below the line）。

运算公式为：$X/(A+X):B=C$

- A 值：竞争品牌媒体投资量。

A 值可以通过竞争品牌投资分析，预估既有品牌媒体投资成长率，加上媒体涨价的考虑，以及新品牌的加入，推估出整体竞争品牌在预算制定期间的媒体投资量。

- B 值：广告主所设定的品牌占有率目标。
- C 值：根据品牌所处环境所制定的调整比值。
- X 值：所需媒体预算。

在前述 A、B、C 值固定后，即可计算出 X 值，即品牌所需的媒体预算。

A 值可以根据竞争品牌分析加以推算，B 值则由广告主提供，因此作业的重心为 C 值的设定。在 C 值设定上必须考虑以下因素：

考虑因素	影响内容	+	-
新品牌\既有品牌	新品牌需要较高比值；旧品牌所需比值较低。		
品牌占有率	品牌占有率较高，需要比值较低；占有率低，需要比值较高。		
品牌企图	品牌设定的占有率成长目标越高（攻击型策略），需要越高比值；设定占有率成长目标越低（防守型策略），需要越低比值。		
品牌目前形象地位	品牌地位与形象较佳，需要较低比值；品牌形象尚未建立，需要较高比值。		

续表

考虑因素	影响内容	＋	－
竞争品牌状况（品牌数量，有无垄断性品牌）	竞争品牌数量越多，消费者选择越有分歧，需要越高比值；市场上存在垄断性品牌，需要比值也较高；如本品牌为垄断性品牌，则需要比值较低。		
品牌忠诚度	攻击型行销策略在忠诚度较高品类需要较高比值，在忠诚度较低品类需要较低比值；相反地，防守型策略面对忠诚度较高品类需要较低比值，面对忠诚度较低品类需要较高比值。		
购买周期	商品购买周期长，需要较低比值；商品购买周期较短，需要较高比值。		
广告对销售影响度	销售起伏受广告强烈影响的品类需要较高比值；较不受影响的品类，需要较低比值。		

根据上述比值影响因素，评估本品牌在各因素上的状况，以 1 为起始点，利用＋或－方式得出品牌所需比值，比值的一般值在 0.6 到 1.8 之间。运算举例：

媒体预算的制定

A 值	6463000
B 值	25%
C 值	X 值
0.80	16157500
0.85	17439841
0.90	18763548
0.95	20130656
1.00	21543333
1.05	23003898
1.10	24514826
1.15	26078772
1.20	27698571

SOV vs SOM 方式的优缺点

优点	缺点
·反映行销企图,与行销连接性强。	·较忽略传播需要上的考虑。
·竞争导向操作,在竞争意义上作用较强。	·在品类投资不足或过度投资时,可能受其影响导致预算不足或过度。
·可以借由比值的改变,灵活调整预算。	·忽略创意及媒体策略对效果的影响。
·操作简单。	·在行销及 A&P 比率的假设上可能产生误差。

注意事项：

SOV\SOM 的预算制定方式,主要是以竞争为导向,因此竞争品牌媒体投资量将严重影响预算的制定,在竞争品牌广告量的估算上,必须特别注意竞争范围的定义。

一般说来,竞争者为相同品类中具有取代作用的品牌,即如果 A 与 B 都可以满足消费者同样的需求欲望,则 A 与 B 互为竞争品牌。但品牌的归类应该从消费者归类的角度出发。以品类扩张为目标的品牌,可以将竞争者确定为欲取代品类中的主要品牌,以防御策略为主的品牌,则主要以本品类中的直接竞争品牌为竞争者。

2. GRPs（FxF）。GRP 方式为根据消费者对广告讯息认知所需要的媒体传播量,再将传播量换算成金额,得出媒体所需预算。GRP 方式的基本假设：

（1）媒体露出使消费者对广告讯息产生认知。

（2）消费者因对讯息的认知产生品牌的知名度。

（3）知名度使品牌进入消费者选择名单。

（4）消费者选择的结果造成品牌销售与市场占有。

操作方式：

(1) 根据前面"到达与接触频率"章节中所述的行销因素、创意因素及媒体因素,设定年度中所有广告活动所需的有效频率。

不同的广告活动,在有效频率的设定上将有所差异,因此以年度为预算设定期间时,必须考虑年度中各广告活动在有效频率需要上的差异。

(2) 依品牌所需制定各广告活动的有效到达率。品牌对有效到达率的需求,基本上根据品牌市场占有率目标加以放大(如前述完全认知品牌广告讯息与实际购买之间仍存在相当的落差),放大的比率可以根据品牌过去有效到达率对销售的产出投资经验或广告追踪调查中的媒体到达率与购买意愿的比率加以设定。

(3) 根据对象阶层媒体接触习性及收视率资料,得出获致设定有效到达率所需的 GRP。

各商品所设定对象阶层的媒体接触习性不同,将影响 GRP 对有效到达率的产出。基本上,对象阶层的媒体接触较高,则 GRP 对有效到达率的产出较高,即 GRP 在较低水平时可产出较高的有效到达率。GRP 对有效到达率产出的数据,可以运用"到达率与接触频率"章节中所提出的方式取得。例如:

GRP 与有效到达率

累积 GRP	到达率	接触频率	累积接触频率分布					
			1+	2+	4+	6+	8+	10+
101.2	38.9	2.6	39	39	11	0	0	0
199.3	55.4	3.6	56	60	19	10	4	0
315.3	65.7	4.8	66	61	40	23	10	6
401.1	66.9	6.0	67	66	49	34	19	10
509.7	71.8	7.1	72	68	56	45	28	18
606.5	75.8	8.0	76	73	60	49	38	26
707.6	77.8	9.1	78	75	64	53	45	33
803.7	80.4	10.0	80	76	67	56	49	40
909.8	82.7	11.0	82	78	71	60	53	44

(4) 根据各市场媒体价格与收视率,计算出每百分点收视率

的购买成本（CPRP）。计算方法为以各市场在实际作业中所能够买到的价格除以档次的对象阶层平均收视率。

(5) 以 CPRP 乘以 GRP 方式得出所需媒体预算。

- 列出各市场各广告活动全年所需 GRP；
- 以各市场 CPRP 乘所需 GRP 得出各市场所需预算；
- 加总各市场预算即为全国所需预算。

在 GRP 方式的运用中，为考虑与竞争品牌比重相适应，必须将投资较大和市场占有率较大的品牌比重列为 GRP 制定参考。

GRP 方式的优点与缺点

优点	缺点
·以传播效果导向操作，可以确保传播效果的达成。 ·主要依据品牌经验、调查与收视资讯，较为客观，准确度也较高。	·可能偏离行销层面，主要以传播效果为出发，较不顾及行销上的因素。 ·较忽略竞争品牌。 ·较忽略销售现实，可能造成各市场投资比率偏离销售比率。

3. 媒体投资对销售比值。媒体投资对销售比值的设定方式为完全从销售的产出制定各市场的媒体投资预算。

基本的立论为：将个别市场视为单一市场，当某市场可以产出较佳的销售时即代表该市场具有开发潜力；反之，当某市场的销售产出不佳时，即代表该市场潜力有限。因此，各市场的媒体预算应该根据该市场的销售产出制定。

操作方式：

(1) 以各市场整体品类的销售量除以各市场媒体投资额得出各市场的投资比值（假设为 A）。

(2) 同样方式得出各市场销售最佳的前五个品牌（或前十个品牌）的比值（假设为 B）。

(3) 依品牌在策略上的积极或消极，在 A 与 B 之间设定品牌投资比值。

(4) 根据品牌在各市场销售目标乘以各市场所设定比值，得出各市场的媒体预算。

(5) 加总各市场预算成为全国所需预算。

媒体投资对销售比值的优缺点

优点	缺点
·操作简单。 ·符合企业动作营销基本原则。 ·符合各市场的营销绩效。	·缺乏行销面考虑，忽略各市场行销条件的差异。 ·可能丧失市场开发机会。 ·欠缺主导性，以反应方式制定预算，较为被动。

4. 预算制定的组合方式。上述的3种预算制定方式，各有其优点与不足，为完整地考虑各层面因素，必须将3种方式所制定出的预算加以整合。整合的方式为：

(1) 以 SOV/SOM 方式从竞争角度得出预算 X。

(2) 以 GRP 方式从传播效果角度得出预算 Y。

(3) 检查 X 与 Y 的差异，并作必要调整。

(4) 再以媒体投资对销售比值方式从销售角度得出预算 Z，以检查预算的实际可行性。

(5) 作最后调整，并制定合理的预算区间（range）。

附录 媒体专有名词解释

1. 发行量稽核机构（ABC —Audit Bureau of Circulation）：由广告主、广告公司及媒体单位合组而成的机构，针对印刷媒体发行量进行严格稽核，并发给发行量认证书以证明该刊物发行量。

2. 发行量（Circulation）：在印刷媒体印制量中，每期实际发行到读者手中的份数。

3. 付费发行量（Paid Circulation）：刊物发行量中，属于读者付费取得刊物的发行量。

4. 赠阅发行量（Free Circulation）：刊物发行量中，属于赠阅或其他免付费方式取得刊物的发行量。

5. 传阅率（Pass Along Rate 或 Pass Over Rate）：印刷媒体中，平均每份刊物被传阅的次数，即阅读人口除以发行量。

6. 阅读人口（Readership）：刊物的每期总接触人口，包括通过订阅、零购或传阅等任何方式的接触刊物的人口。

7. 传阅阅读人口（Pass Along Reader ship）：以传阅方式接触刊物的阅读人口。

8. 接触人口\接触户数（Advertising Impression）：指暴露于

一个媒体载具或媒体排期的重叠性人口数或家庭数暴露次数。

9. 时段家庭开机率(HUT-Household Using TV)：在特定时段内，所有收看任何电视节目的家庭数占总家庭数的比例。

10. 时段个人开机率(PUT-People Using TV)：在特定时段内，所有收看任何电视节目的人口占总人口的比例。

11. 档次（Spot）：电波媒体中，广告出现在任何载具中，称为档次。

12. 刊载（Insertion）：印刷媒体中，广告出现在任何载具中，称为刊载。

13. 购买代理商（Agency of Record）：在服务同一广告主的代理商中，为其他代理商购买媒体的代理商。

14. 集中购买（Master Buying）：使用多家代理商的广告主，将媒体购买委托一家代理商进行，称为集中购买。负责购买的代理商不一定是负责创意的代理商之一。

15. 提示知名度（Aided Awareness）：在经提示的情况下，可以记忆品牌或广告讯息的消费者占所有消费者的比例。

16. 未提示知名度(Unaided Awareness)：在未经提示的情况下，可以主动记忆品牌或者广告讯息的消费者占所有消费者的比例。

17. 第一提及知名度（First Mentioned Awareness）：在未经提示的情况下，主动记忆且第一提及某品牌或广告的消费者占所有消费者的比例。

18. 视听众（Audience）：暴露于媒体的人口。

19. 视听众组成（Audience Composition）：一个媒体载具的视听众在统计变项上的组成状况，即年龄、性别、收入及教育程度等的分布状况。

20. 视听众流向（Aduience Flow）：电波媒体中视听众随时间在频道之间转移的状况，通常以时间或节目为计量单位。

21. 视听众特性（Audience Profile）：媒体载具接触人口的统计变项特性。

22. 平均接触率（Average Frequency）：暴露于一个媒体排期计划的家庭或个人当中，每家庭或每个人的平均暴露次数。

23. 标板（Billboard）：在节目赞助作业中，节目的开始、结束或节目中用以宣示赞助广告主的片段。

24. 出血广告（Bleed）：印刷广告中，广告稿印刷超出刊物印刷安全框，而以全版印刷，即未留边框。出血广告的收费通常高出一般广告。

25. 品牌发展指数（BDI—Brand Development Index）：品牌在一个地区（或区隔）的销售占总销售的比率除以该地区（区隔）的

人口占总人口的比率,用以评估品牌在该地区(区隔)的相对发展状况。

26. 品类发展指数(CDI-Category Development Index):品类在一个地区(或区隔)的销售占总销售的比率除以该地区(区隔)的人口占总人口的比率,用以评估品类在该地区(区隔)的相对发展状况。

27. 有线电视(Cable TV):以天线将讯号接收后再以有线方式传送给用户的电视系统。在经营上分为系统经营者和频道经营者。

28. 系统经营者(System Operator):指拥有讯号传送线路系统,接收讯号后传送给用户的有线电视经营者。国内所说的有线电视大部分指系统经营者。

29. 频道经营者(Channel Operator):指制作节目然后以整个频道方式贩卖给系统经营者的节目提供商,如 CNN、ESPN、HBO、WOWO 等。

30. 付费频道(Pay Channel):有线电视频道中,在基本频道外的、用户必须个别付费的频道。

31. 计次付费观看(Pay per View):有线电视频道中,播映节目由观众从节目单中指定、收费则以每次播出计费。

32. 刊例价(Card Rate 或 Rate Card Rate):指媒体单位所发行的刊例上的媒体广告收费定价。

33. 现金折扣（Cash Discount）：媒体单位对于支付现金的广告主所提供的折扣优惠。

34. 跨页广告（Spread）：印刷媒体上以面对面两页连续的方式刊载的广告。

35. 中跨页（Centre Spread）：跨页广告出现在刊物的中间互为对页的版位，特别是指以骑马钉装订的杂志中以这一方式刊载的广告。中跨页的版位可以避免创意画面因装订而受到切割，因此价格通常较高。

36. 通栏广告（Banner）：报纸版面中，以数栏横跨全页刊载的广告。

37. 报眼（Flag）：报纸版面中，出现在报头左右或上下的小块版面。

38. 小全页（Junior Page）：印刷媒体中，以对角线缩小方式将版面缩为相当于全版 3/4 的版面。小全页的优点为具有大版面的创意表现空间，且可以避免因整页广告而为读者在阅读时跳过的情况。

39. 广告干扰度（Clutter）：媒体载具中，广告版面或段落长度占载具本身内容的比率。

40. 广告段落（Commercial Break）：电波媒体中，节目中止而出现广告的时段。

41. 广告佣金（Agency Commission）：广告主支付给广告代理商、以投放媒体金额的百分比计算的酬劳。一般惯例为含佣价（Gross Rate）的 15％ 或除佣价（Net Rate）的 17.65％。

42. 连续式（Continuity）：媒体行程模式中，全程采取平均分配，且未曾出现消费者察觉广告中断的情况的媒体露出模式。

43. 栏栅式（Flighting）：媒体行程模式中，某段时间出现、某段时间中止的广告露出模式。亦称间歇式或跳跃式。

44. 脉动式（Pulsing）：媒体行程模式中，全程持续露出，且中间出现比重高低起伏的媒体露出模式。

45. 媒体波段（Burst）：广告在媒体中露出从开始延续到结束、且其间不曾出现明显间隔的完整露出期间。

46. 媒体空档（Hiatus 或 Break）：广告波段之间出现的明显没有广告露出的时间。

47. 百分点收视成本（Cost Per Rating Point）：在电波媒体中，每百分点收视（听）所需支付金额，在计算上是以单价除以收视（听）。

48. 千人成本（CPM－Cost Per Thousand）：媒体载具每接触1000人所需支付金额，在计算上是以媒体单价除以接触人口，再乘以 1000。

49. 涵盖率（Coverage）：在确定的诉求对象阶层中，可以暴露于一个媒体类别或载具的人数占阶层总人数的比例。

50. 隔日记忆调查(DAR-Day After Recall)：播出一档广告，然后在隔日追踪调查消费者对广告讯息接收状况的广告效果调查方式，用以测试创意表现对主要讯息传达的准确度，借以修正创意表现。DAR 的调查结果也可以通过与看过该节目和看过该广告的人口数量的对比，检视节目收视与广告收视的落差。

51. 直播卫星(DBS-Direct Broadcast Satellite)：相对于传统的微波（Micro Wave）传送讯号方式，直播卫星从地面发射讯号传到卫星，再通过卫星涵盖将讯号传送回地面，然后由地面以碟形天线接收。

52. 日记法(Diary)：以问卷留置方式，选定样本户留置问卷，记录家庭内成员收视节目及时间，然后在固定时间回收，再输入电脑统计出各阶层的收视率、到达率及接触频次。

53. 个人收视记录器(People Meter)：电子自动收视记录器，置于样本户中，记录器上每一位成员有代表自己的按键，成员以按键方式记录自己的收视，由电脑以连线方式在深夜收集资料，隔日提供用户使用。

54. 被动式记录器(Passive Meter)：收视率调查方式之一。将样本户家庭成员的面貌扫描至记忆器中，成员出现在电视机前记录器即自动记录下其收视情况，资料回收后提供客户使用。

55. 暴露(Exposure)：指消费者面对一个或数个媒体载具。消费者对媒体载具的暴露为媒体量化计算基准之一。然而消费者对媒体载具的暴露，并不必然是有意识接触，即不必然造成对广告讯息的接收。

56. 总接触人次（Gross Impression）：一个媒体执行方案运用的所有媒体载具所接触的人次的总合。总接触人次以重复计量方式得出，即1个消费者接触3次或3个消费者各接触1次皆登记为3人次。

57. 效率（Efficiency）：指广告在媒体上每单位的投资所获致的接触人口。

58. 效果（Effectiveness）：指媒体在投资的花费对行销及传播目标的达成状况。

59. 高画质电视（HDTV—High Definition TV）：一种新的电视播映系统，提供较现行系统更高的扫描线及更逼真的画面。

60. 整合传播（Integrated Communication）：为既定传播目标，运用各式传播工具，如广告、直效行销、促销活动及公关等，以任务分工方式集体达成传播目标的产品信息传播运用方式。

61. 收视率\收视点（Rating/Rating Point）：收看某电视节目的个人或家庭占总人口或家庭数的比率。计算方式为收看该电视节目的人数或家庭数除以总人口数或总家庭数。

62. 家庭收视率（Household Rating）：以家庭为计算单位的节目收视率。

63. 个人收视率(People Rating)：以人为单位的节目收视率。

64. 对象阶层收视率（Target Rating）：对象阶层中收看某节目的人口占对象阶层总人口的比例。

65. 总收视点(GRP-Gross Rating Point)：媒体传送量的计量单位之一，为在一定期间内所有投放档次收视率的总合或到达率乘以平均接触频率。

66. 到达率(Reach)：暴露于一个媒体执行方案人口或家庭占总人口或家庭的百分比，为非重复性（Unduplicate）计算数值，即在特定期间内暴露一次或以上的人口或家庭占总数的比率。在期间的定义上一般为4周。有时也称"非重复到达率"（Unduplicate Reach）或"净到达率"（Net Reach）。

67. 对象阶层到达率（Target Reach）：在特定期间内暴露于一个媒体执行方案的对象阶层人口占总人口数的百分比。为非重复性（Unduplicate）计算数值。

68. 有效达到率（Effective Reach）：在有效频率以上的到达率。如有效频率的定义为3次，则3次以上（含3次）到达率即为有效到达率。

69. 平均接触频度（Average Frequency）：暴露于一个媒体执行方案的人口中，每人平均的接触次数，通常指的是在特定期间（即4周）的计量数值。

70. 有效接触频率（Effective Frequency）：消费者对广告讯息

接触次数累积到可以充分记忆广告讯息的接触频次。

71. 接触频率分布（Frequency Distribution）：指暴露于某一媒体执行方案的消费者在接触频次上的比率分布。

72. 市场占有率(SOM—Share of Market 或 Market Share)：品牌在特定市场中的销售额或销售量占品类整体的销售额或销售量的比率。

73. 心理占有率(SOM—Share of Mind 或 Mind Share)：品牌在消费者心中占有的分量占品类整体所占有的分量的比率。品牌的心理占有率通常为市场占有率的前兆。

74. 视听众占有率（Share of Audience）：电波媒体中，不同载具在同时段的视听众占所有视听众的比率。

75. 媒体比重占有率（Share of Voice）：指各品牌的媒体露出量占品类总体媒体露出量的比率。计量单位通常为 GRP 或 Impression。

76. 媒体投资占有率（Share of Spending）：指各品牌的媒体投资量占品类媒体投资总量的比率。计量单位通常为金额。

77. 最高记忆品牌（Top of Mind）：消费者记忆的品牌中，记忆与印象最深刻的品牌。

78. 媒体比重（Media Weight）：指一个媒体执行方案对设定消费者所传送的媒体量，通常指的是 GRP、Reach 与 Frequency。

79. 媒体类别（Media Class）：媒体分类的第一层级，是以媒体传播形式划分的较大分类，一般将媒体分为电视、广播、报纸、杂志、户外及新兴的网路媒体等。

80. 媒体载具（Media Vehicle）：指媒体类别下再细分的个别承载讯息的具体媒体，如电视媒体类别下的某个节目、报纸媒体类别下的某份报纸等。

81. 媒体单元（Media Option）：在媒体类别中实际使用的创意尺寸或长度，如电视广告的30秒或15秒、报纸广告的全版或半版等规格。

82. 监看（Monitor）：媒体执行当中，由非买方或卖方对媒体进行露出情况查证与记录。

83. 普及率（Penetration）：在行销上指使用本商品的消费者占所有消费者的比率，在媒体上则指消费者对各媒体类别可接触比率。

84. 套装贩卖（Package Deal）：指媒体单位将数种媒体载具以组合方式加以包装并整体出售的贩卖方式。

85. 预购系统（Preempion System）：一种媒体购买系统。将媒体价格分为数级，广告档次\版位的取得依价位级数以及订位的先后次序确认，即同级价格中，以先后方式确认档次\版位订定，出价高的广告主则可以取得广告位置。

86. 主时段（Prime Time）：电视播出时段中的收视尖峰时段，

一般通常为 18:30 到 21:30 之间。

87. 数量折扣（Quantity Discount 或 Volume Disount）：媒体单位根据广告主或代理商的购买数量提供的价格优惠。

88. 价格保障（Rate Protection）：媒体单位在取得广告主或代理商在投放数量上的承诺或现金付款后，所提供的不受涨价影响的保证。

89. 浮动版位（Run of Press）：印刷媒体中，广告以不固定版位的方式刊载，广告主可以取得较低价格，媒体单位则获得版位编排弹性。

90. 浮动档次（Run of Schedule）：电波媒体中，广告在时段限制内（主时段或深夜时段等）以不固定位置的方式播出。

91. 路障（Road Block）：固定在某特定时段将广告投放于所有频道上以在短时间内达到高到达率的一种媒体投放战术。

92. 分版刊载（Split Run）：印刷媒体在广告刊载上，以地区或不同的统计层面区分成不同的版本，以针对各品牌的行销地区或设定对象进行诉求。

93. 节目赞助（Sopnsorship）：广告主选择适当节目长期赞助该节目播出的露出方式。广告主提供长期广告，并获致节目前后（中）的赞助厂商辨识标版及带有赞助厂商名称的节目预告档次（Promo）。节目赞助对媒体而言，可以获得长期营运收入，对广告主而言则可以使品牌与节目获得形象上的连接。

94. 独家赞助（Sole-Sponsorship）：节目由一家厂商品牌单独赞助。

95. 联合赞助（Co-Sponsorship）：节目由多家厂商或品牌联合赞助。

96. 冠名权利（Naming Right）：广告主对所赞助的节目拥有的冠以品牌或厂商名字的权利，如 ABC 影院、××剧场等。

97. 转台\跳过（Zapping & Zipping）：指观众在电视收视行为中，以遥控器转换收视频道或跳过某段落以避开广告段落的行为。

《龙媒广告选书·第一辑》介绍

作为广告人自己的书店，我们不敢回避为广告人提供高水准的专业图书的责任。于是，经过一年多的酝酿，我们与数位国内著名的广告专家联手推出了《龙媒广告选书·第一辑》。**全套书共九本，总定价 214.20 元。**

"龙媒"，语出《汉书·礼乐志》，"天马徕，从西极；天马徕，龙之媒"，意为从西天来的骏马是招引神龙的媒介。我们不敢说这套书会成为广告专业图书的精品，但我们相信它会是一套有自己的主张的好书。

□ 它是一套从广告人的实际需求出发的书——

我们对它的定位，来自近万名读者的需求和数十位广告一线专家的建议，因而它不是凭空的设想和一厢情愿的推断。

□ 它是一套以实用性和适应性为精神的书——

在系统的理论体系的基础上，它大量引入了切实可行的广告运作方法和可资借鉴的实例，把"学"与"用"融为一体，可以说是广告人入行与提高的一个阶梯。

□ 它是一套在很多方面添补国内广告专业图书空白的书——

以往许多作者从未专书介绍的课题都是它重要的组成部分，而这些课题正是国内广告人长期以来都在困惑的难点。

□ 它是一套以系统性和贯通性为宗旨的书——

它将为广告人构建一套较为完整的广告学理论与实务的框架，而以全面专业的阐述使每一专题都与整个系统贯通和融合。

□ 最重要的是：它是一套广告人自己写的书——

为了冲破以往非广告人写书给广告人看的误区，我们邀请的作者都是真正的广告人。他们或长期从事广告实务并且有深厚的理论功底，或执某一专业方向理论研究的牛耳并且拥有丰富的实践经验。如此众多的专家执笔同一套丛书，在大陆广告图书出版史上尚属首次。

《现代广告通论——对广告运作原理的重新审视》

定价 26.80 元

作者：丁俊杰

作者简介：北京广播学院新闻传播学院副院长
　　　　　国际广告协会（IAA）会员
　　　　　《国际广告》杂志编委会副主任

内容简介：本书系统介绍了广告学的学科背景、现代广告的概念、现代广告与外部环境的互动、广告自身发展规律、广告市场的构成和特征及其发展规律、广告的传播规律、广告运动策略等广告基本理论，力求使读者对广告是什么、广告怎么样产生正确的认识。

本书特点：

□ 第一次突破以往"广告学"流于"概论"，停留在对广告业务的简单介绍及缺乏对广告原理的宏观把握的状况，以一个统一、完整的理论框架，"通论"广告的"原理"，是国内第一本立足于论述广告发展规律的"广告学"。

《中外广告史——站在当代视角的全面回顾》　定价 24.80 元

作者：陈培爱

作者简介：中国广告协会学术委员会委员
　　　　　　厦门大学传播研究所副所长
　　　　　　厦门大学新闻传播系广告教研室主任、副教授、硕士研究生导师

内容简介：本书分为中国广告史和外国广告史两大部分。中国广告史上自原始社会末期，下至我国广告业复苏以后，按照历史发展进程描述了广告在我国发展的历史，分析了我国广告发展的规律。外国广告史部分除记述古代、近代外国广告的发展历程外，还重点介绍了美国、日本、东南亚、英国、法国等国家和地区现代广告的发展。对香港地区、台湾地区、澳门地区的广告发展史也专章介绍。

本书特点：

□ 本书是我国第一本成形的广告史专著，其中包括很多宝贵的史料，对于广告人了解广告发展的历史及其规律、把握现代广告发展的脉络和方向有重要的借鉴作用。

《广告心理——广告人对消费行为的心理把握》　定价 24.80 元

作者：马谋超

作者简介：中国科学院心理所广告、消费与市场心理研究中心主任、研究员、教授、博士生导师
　　　　　　"CIS 中国化"国家自然科学基金委项目主持人

中国广告协会学术委员会常委

内容简介：本书包括广告与消费行为、广告的认知心理、广告的说服心理、环境因素对广告的影响、广告效果的心理测试等方面的内容，全面阐述了广告心理的规律及其在广告实际运作过程中的应用，既有广告心理基本原理的介绍与分析，又融合了实际操作的方法。

本书特点：

□ 马谋超先生1992年曾出版《广告心理学基础》，数年来其理论模式为后续出版的许多广告心理学著作所采纳与引用。本书并不是原书的修订本，而是作者近年来从事广告心理和消费行为研究的新成果。它与国外广告心理学研究同步，把广告心理学的理论框架构筑在消费者行为学的基础之上，代表了我国广告心理研究的最新水平。

《广告媒体研究——当代广告媒体的选择依据》　定价19.80元

作者：陈俊良

内容简介：本书分析了广告媒体的概念与特性，描述了广告媒体从古至今的发展过程，着重介绍了广告媒体研究的一般指标及其运作方法，并分别阐述了电视、广播、报纸等主要的广告媒体的历史、特点、研究指标和运作方法、广告媒介组合策略和广告媒体计划的制订。

本书特点：

□ 本书是大陆出版的第一本全面的广告媒体研究专著。作者陈俊良先生根据自己主持国际性大型广告公司的实践经验，并结合外国广告业有关广告媒介的研究方法和指标完成本书。本书具有相当高的理论高度和非常强的可操作性，是广告人不可多得的媒介研究指南。

《广告调查——广告战略的实证基础》　定价 19.80 元

作者： 黄升民等

作者简介： 北京广播学院广告学教授、硕士研究生导师

　　　　　　主持北京广播学院广告系工作并领导国际广告研究所和 IMI 市场调查研究所

　　　　　　中国广告协会学术委员会委员

　　　　　　国际广告协会（IAA）会员

内容简介： 本书包括为广告活动而进行的市场调查和广告效果调查两大部分，全面涵盖市场调查的主要内容，以先进的调查理论为指导思想，以市场调查的实际操作为中心内容。市场调查部分详尽阐述市场调查的方法、步骤和资料收集、问卷设计、调查结果分析、调查报告撰写等环节的具体操作。广告效果调查部分详尽阐述广告效果测定的概念、原理、步骤和实际操作方法。

本书特点：

□ 市场调查和广告效果测定一向是我国广告业的薄弱环节，黄升民先生留日期间对广告调查进行过深入的研究，回国后又主持过多项大型广告调查项目，因此本书不但具有较强的学术价值，而且有很强的实际操作性。

《广告公司的经营与管理——对广告经营者的全面指导》
定价 26.80 元

作者：何海明

作者简介：我国第一批广告学硕士之一，现任北京未来广告公司副总经理。

作者以广告公司的经营管理为主要研究方向，曾长期深入多种体制和类型的广告公司进行调查研究，熟悉广告公司的运作，并掌握大量的第一手资料。

内容简介：本书以广告公司的经营管理为中心，分为广告公司外部关系的管理、广告公司的经营、广告公司的内部管理三大部分。广告公司外部关系的管理着重阐述广告公司如何处理与广告主、广告媒介、广告管理部门、广告行业组织、广告公司的辅助机构及同行业的关系。广告公司的经营着重讲述广告公司的策略和经营实务。广告公司的内部管理着重阐述广告公司内部业务运作流程、人事、财务等管理机制和方法。大多专题都附有著名广告公司运作的实例。

本书特点：

□我国广告公司众多，经营管理是大部分广告公司的难题，但是又苦于没有专业图书可供借鉴。本书是我国第一本关于广告公司经营与管理的专著，它为广告公司进行经营与管理提供了理论的依据和实际操作方法的指导。

《广告文案写作——成功广告文案的诞生》 定价 26.80 元

作者：高志宏　徐智明

作者简介： 高志宏，北京大学中文系中国文学专业毕业，曾从事广告策划和广告文案写作，广告学硕士，研究方向为广告策划和文案写作。为本套丛书总策划之一。

徐智明：北京大学政治学与行政管理系毕业，曾从事广告策划和广告市场调查工作，北京龙之媒广告文化书店经理。为本套丛书总策划之一。

内容简介： 本书以广告文案写作原理和实务为中心内容。原理部分阐述广告文案的概念、作用、结构、特性和广告文案写作的一般规律。实务部分阐述广告文案各组成部分的写作方法和不同媒体、不同类型的广告文案的写作方法。全书包含大量优秀广告文案范例和分析，大部分取自海外广告作品，力求使读者通过对广告文案写作的系统学习和高水平广告文案的熏陶提高广告文案写作水平。

本书特点：

□以往不少人对广告文案概念的认识比较模糊，一些有关广告写作的专业图书也错误地将广告语视为广告文案的全部，以致对读者产生了误导。本书以国际上通行的广告文案概念为准，并且对广告文案的各个方面进行全面系统的介绍，在传达正确认识的基础上，侧重实际操作性。

《广告策划——一个广告策划的全新范本》　定价 19.80 元

作者：徐智明　高志宏

内容简介：本书力图为广告策划的理论与实务梳理出清晰的脉络，原理部分全面论述了广告策划的概念、性质、作用、内容、类型、主要策略、运作程序和一般方法。实务部分以广告策划的实际运作过程为线索，结合著名企业和产品的广告运动实例，阐述了为广告策划而进行的市场分析、产品分析的一般方法以及如何确定广告的诉求策略、表现策略、媒介策略和预算分配，还用较大的篇幅详细介绍了规范的广告策划书的一般格式和撰写方法。

本书特点：

□ 本书引入了风行海外广告界的第四代广告概念——整合传播，并进行了全面的介绍。本书还参照海外通行的广告策划书的模式和我国广告界的惯例，提供了一个系统、全面、实用的策划书范本。

《电波广告·平面广告——四大媒体广告的实际创作》
　　　　　　　　　　　　　　　　　　　定价 24.80 元

作者：周建梅　路盛章　董立津
作者简介：
路盛章：中国广告协会学术委员会常委
　　　　北京广播学院副教授
　　　　曾任中国广告联合总公司总监、副总经理

长期从事电视广告创作活动,为西安杨森、中美史克等著名企业创作过多部获奖电视广告

周建梅:中国广告协会学术委员会委员

中国邮政广告公司总监

早年毕业于中央工艺美术学院,长期从事平面广告设计,有多幅作品获全国广告优秀作品奖

董立津:中国广告协会学术委员会委员

炎黄艺术国际推广公司副总经理、创作总监

内容简介:本书分为电波广告和平面广告两大部分。电波部分包括电视广告和广播广告,平面部分包括报纸、杂志、招贴、POP等广告形式。对每一种媒体广告的创作程序、创作方法、制作程序、制作方法都进行全面、系统的阐述,力求使读者对主要的媒体广告有全面的了解,并掌握其创作方法。

本书特点:

□ 本书侧重实际操作性,并且大部分内容来自作者多年实践,符合我国广告业的运作惯例,适应中国广告人的专业知识结构,对非创作人员了解广告创作与制作、对专业人员提高创作与制作水平都有相当大的促进作用。